AF155495

FSC
www.fsc.org

MIXTE

Papier issu
de sources
responsables
Paper from
responsible sources

FSC® C105338

TON OMBRE

Recueil

Du même auteur
(ouvrages publiés chez Edilivre)

Les veufs (roman, 2017)
À mort les humains (roman, 2018)

Saga *Les larmes de Cassandre* (romans) :
La nouvelle résurrection (2019)
Le fou prend la Tour (2020)
La nuit des vampires (2021)
La métamorphose de Léonard (2022)

Apocalypse (recueil de poèmes, 2022)

Ouvrage également publié *via* BoD

À l'ombre ou au soleil (recueil de poèmes, 2023)

Adrien Balboa

TON OMBRE

Recueil

© 2024 Adrien Balboa

Édition : BoD – Books on Demand, info@bod.fr
Impression : BoD – Books on Demand, In de Tarpen 42,
Norderstedt (Allemagne)
Impression à la demande

Photos de couverture : Adrien Balboa

ISBN : 978-2-3225-2295-8

Dépôt légal : juillet 2024

Le Code de la propriété intellectuelle et artistique n'autorisant, aux termes des alinéas 2 et 3 de l'article L. 122-5, d'une part, que les « copies ou reproductions strictement réservées à l'usage privé du copiste et non destinées à une utilisation collective » et, d'autre part, que les analyses et les courtes citations dans un but d'exemple et d'illustration, « toute représentation ou reproduction intégrale, ou partielle, faite sans le consentement de l'auteur ou de ses ayants droit ou ayants cause, est illicite » (alinéa 1er de l'article L. 122-4). Cette représentation ou reproduction, par quelque procédé que ce soit, constituerait donc une contrefaçon sanctionnée par les articles L. 335-2 et suivants du Code de la propriété intellectuelle.

Avant-propos

« À quoi pensais-je hier dans les rues ? Ça semble si loin, si ancien »[1].

Ce troisième recueil a été conçu par intermittence entre janvier et avril 2022, ainsi qu'entre mars et décembre 2023. Pour sa conception, j'ai fait un autre voyage dans le temps. Il s'agit du dernier de ce type, étant donné que, désormais, je ne peux remonter plus loin.

En effet, *Ton ombre* regroupe des poèmes (79, pour être exact) datant de mes premières années d'écriture, de l'été 2005 à celui de 2011. J'avais entre 16 et 22 ans. Comme tout le monde, mon existence et mon mode de vie étaient radicalement différents, à l'instar de notre planète en général durant la même période.

Merci à mon indispensable Océane Desch pour sa relecture et ses suggestions. Également, je remercie BoD et vous, chers lecteurs, pour vous intéresser à ce livre ou même pour avoir prêté attention à tout ce projet assez saugrenu de réunir plus de 200 de mes anciens textes en trois volumes.

---

1. Écrit intime de Marilyn Monroe lisible dans le recueil *Fragments* (éditions Farrar, Straus & Giroux, 2010). Traduction de Tiphaine Samoyault.

Tout ce qu'on a été

Nous avons traversé des mondes
Et nous voilà déchirés.
Les pupilles les plus immondes
Voleront sur ce qu'on a été.
Et dans le dôme de nos avenirs,
Nos spectres se promèneront.
Quand on voudra échapper au pire,
Sonnera cette trahison.

Mais tout autour,
Sur nos souffles courts,
Il y a toi
Et il y a...

  ... tout ce qu'on a été,
  Tout ce qu'on s'est donné.
  Du meilleur au pire,
  Des larmes sur la cire.
  Tout ce qu'on a été,
  Du futur au passé,
  Pour voir tout en cendres ;
  Vouloir tout descendre.

Les illusions nous ont été invisibles
Jusqu'à c'que la nature en décide autrement ;
Oui, comme toujours, elle a été invincible
Et mis en quelques minutes toutes ces scènes en sang.
Et puis dans ce taudis infect

Qu'est le monde qui nous entoure,
Nos douleurs les moins suspectes
Renverront que nous étions pour.

Mais tout autour,
Sur nos souffles courts,
Il y a toi
Et il y a...

    ... tout ce qu'on a été,
    Tout ce qu'on s'est donné.
    Du meilleur au pire,
    Des larmes sur la cire.
    Tout ce qu'on a été,
    Du futur au passé,
    Pour voir tout en cendres ;
    Vouloir tout descendre.

Mars 2010

A.B.M.H.

Je l'ai trouvée
Cachée derrière un arbre mort,
Noir et blanc fut le décor
Qu'elle a vite coloré.
Elle m'apportait
Tout ce que je désirais,
Et puis son corps, son corps,
Tout ce que j'avais omis de laisser.

Me lâche pas,
Embrasse-moi,
Parle-moi,
Caresse-moi,
Regarde-moi,
Serre-moi !

De moins en moins vives
Sont toutes les douleurs,
Jusqu'à n'importe quelle rive
Je lui apporterai mon cœur.
Les yeux fermés,
Je lui ai ouvert mes ombres.
Je la touchais,
Oubliant le reste du monde.

Me lâche pas,
Embrasse-moi,
Parle-moi,
Caresse-moi,

Regarde-moi,
Serre-moi !

J'ai eu tant besoin d'elle
Sans le savoir,
Quand les éclairs
Ont éventré le Ciel,
Il était déjà trop tard.
Et pourtant, quand on se voit,
Toutes nos pulsions ne cessent de crier,
Recommencent avant d'se déchirer !

Me lâche pas !
Embrasse-moi !
Parle-moi !
Caresse-moi !
Regarde-moi !
Serre-moi !

Octobre 2009

Scarification

Tension des vents,
L'éclat d'une lame,
La peur du drame,
Mal délivrant.

Oh ! je t'aime,
Mais tu fais comme si de rien n'était...
Je me hais,
Je ne peux même plus me regarder...
L'Homme est à achever,
Je sais qu'un jour on me retrouvera inanimé...

Positiver
N'est qu'illusion,
J'veux respirer
Que du poison.

L'Enfer
Ne peut vraiment pas être pire qu'ici ;
Ma vie,
Regardez ce que je peux en faire.

Oui, je t'aime,
Mais tu fais comme si de rien n'était...
Je me hais,
Je ne peux même plus me regarder...
Le monde est à jeter,
Je sais qu'un jour on me retrouvera inanimé...

Poussée des temps,
Perte des idées,
De toutes pensées
Et presque de l'âme.

Je n'ai qu'une envie,
C'est de pousser mon dernier cri
Et d'brûler sans bruit
Ce que sera mon ultime nuit.

Moi, je t'aime,
Et tu fais comme si de rien n'était...
Je me hais,
Je ne peux même plus me regarder...
L'Homme est à achever,
Je sais qu'un jour on me retrouvera inanimé...

Oui, je t'aime,
Mais tu fais comme si de rien n'était...
Je me hais,
Je ne peux même plus me regarder...
Le monde est à jeter,
Je sais qu'un jour on me retrouvera inanimé...

Juillet 2009

Ma mémoire

Il y a une traîtresse en moi
Qui fait parfois des siennes,
Qui est une sacrée chienne
Et lunatique des fois...
Et lunatique des fois !
Il y a une traîtresse en moi !

De mes toutes premières années,
Elle m'a fait tout oublier
Sauf les fois pour lesquelles je veux me cacher,
Sauf les fois pour lesquelles j'ai souvent pleuré,
Sauf les fois pour lesquelles j'ai horreur de me
                                        [regarder,
Sauf les fois pour lesquelles je peux me détester.

Elle aime faire rejaillir
Tous mes pires souvenirs,
Quand j'arrête d'être heureux,
C'est qu'une vieille scène vient d'être rejouée devant
                                        [mes yeux.

Je sais que je vais devoir vivre avec elle,
Mais j'en ai déjà des séquelles.
D'autres de mes nombreuses cicatrices sont ailleurs,
Bien installées à l'intérieur.

Il y a une traîtresse en moi,
Il y a une traîtresse en moi,
Il y a une traîtresse en moi,

Il y a une traîtresse en moi,
Il y a une traîtresse en moi,
Il y a une traîtresse en moi,
Mais elle ne partira
Qu'au même moment que moi.

Janvier 2008

Dans mes rêves (Un monde parfait)

Dans mes rêves, je suis Humphrey Bogart,
Me déchirant le cœur devant Ingrid et la poisse
Ou avec Lauren Bacall dans le Port de l'Angoisse.

Dans mes rêves, je suis détective dans les années vingt,
Essayant en vain de coffrer des criminels et Al Capone.
Ou pourchassant des tueurs dans les années cinquante,
Ou alors rebelle écoutant Elvis en Harley-Davidson.

    Dans mes rêves, le jour n'existe pas,
    Sauf l'été quand ça ne va pas.
    Dans mes rêves, c'est un monde parfait,
    Un qui n'existera jamais.

Dans mes rêves, j'ai Marilyn à mon bras,
Ou c'est dans les yeux de Zooey que je me noie.
Je passe des nuits destructrices avec Salander,
Là-bas l'inconnu ne me fait pas peur.

Dans mes rêves, je suis un gars aux mains d'argent ;
Dracula, Batman, ceux qui me fascinaient étant enfant.
Et c'est Monsieur Jack qui organise les fêtes
Où des rousses gothiques trouvent bizarrement que j'ai
                                [une belle tête.

    Dans mes rêves, le jour n'existe pas,
    Sauf l'été quand ça ne va pas.
    Dans mes rêves, c'est un monde parfait,
    Un qui n'existera jamais.

Jamais !
Jamais !
Jamais !

Jamais !
Jamais !
Jamais !

Dans mes rêves, je suis Humphrey Bogart,
Me déchirant le cœur devant Ingrid et la poisse
Ou avec Lauren Bacall dans le Port de l'Angoisse.

Décembre 2009

Dis-moi de quoi ç'a l'air

Une petite fille qui veut voir la mer,
Un homme qui r'cherche sa femme suicidaire,
Un autre qui sait qu'il ne sera pas cent'naire.

Et moi, coincé dans ma tour de verre,
Dans ce quotidien trop éphémère,
Je ne perçois plus ce qui est à l'envers...

    Dis-moi de quoi ç'a l'air...
    Dis-moi de quoi ç'a l'air...

Une femme à g'noux faisant des prières
Pour que son mari rentre de la guerre,
Et puis éviter sa peur des cimetières.

Et moi, coincé dans ma tour de verre,
Qui ignore c'que peut être la misère,
Je ne perçois plus ce qui est à l'envers...

    Dis-moi de quoi ç'a l'air...
    Dis-moi de quoi ç'a l'air...

Un triste plan que le soleil éclaire,
En somme les folies des rois de fer,
Le sale spectacle traditionnel de la Terre.

Et moi, coincé dans ma tour de verre,
Ignorant ce que certains peuvent faire,
Qui ne perçois plus ce qui est à l'envers...

Dis-moi de quoi ç'a l'air...
Dis-moi de quoi ç'a l'air...

Dis-moi de quoi ç'a l'air !
Dis-moi de quoi ç'a l'air !

Dis-moi de quoi ç'a l'air...

Avril 2011

Parce qu'il y a ton visage

Sept grandes colonnes,
Toutes de noir et d'acier.
Elles m'emprisonnent,
Ne font que diffuser
Des photos, des vidéos
Et même plein de souvenirs.
Pas forcément les plus beaux,
Mais certains me font sourire
Parce qu'il y a ton visage,
Parce qu'il y a ton visage
Qui de loin est trop sage,
Pour qui j'voulais m'mettre en cage.

Oh ! sept grandes colonnes,
Toutes de noir et d'acier,
Diffusent du noir et blanc,
Certaines me passionnent.
Mes bons souvenirs,
Ils me font sourire
Parce qu'il y a ton visage,
Parce qu'il y a ton visage
Qui de loin est trop sage,
Pour qui j'voulais m'mettre en cage.

J'ai fait la course
Avec la Mort,
Elle m'a frôlé,
J'en veux encore !
Sept grandes colonnes,
Toutes de noir et d'acier.

Elles m'emprisonnent,
Ne font que diffuser
Des photos, des vidéos
Et même plein de souvenirs.
Pas forcément les plus beaux,
Mais certains me font sourire
Parce qu'il y a ton visage,
Parce qu'il y a ton visage
Qui de loin est trop sage,
Pour qui j'voulais m'mettre en cage.

Parce qu'il y a ton visage,
Parce qu'il y a ton visage
Qui de loin est trop sage,
Pour qui j'voulais m'mettre en cage.

Parce qu'il y a ton visage,
Parce qu'il y a ton visage...

Mars 2010

Mental disorder

Tombé de haut,
Artiste de bas étage ;
J'n'ai jamais été beau
Et encore moins sage.

Alors...

    ... pourquoi veut-elle me rencontrer ?
    Mais pourquoi souhaite-t-elle m'embrasser ?
    Que j'me mette à lui raconter
    C'que j'écris, c'qui la fait rêver ?

Traverser l'tuyau
En sentant des yeux m'juger.
Deux qui sortent du lot,
Je les sens intéressés.

Mais...

    ... pourquoi veut-elle me rencontrer ?
    Mais pourquoi souhaite-t-elle m'embrasser ?
    Que j'me mette à lui raconter
    C'que j'écris, c'qui la fait rêver ?

J'ai tué mon reflet
Pour ne plus voir de quoi j'ai l'air
Et ces intentions bien placées
Croient savoir manier l'air.

Mais...

... pourquoi veut-elle me rencontrer ?
Mais pourquoi souhaite-t-elle m'embrasser ?
Que j'me mette à lui raconter
C'que j'écris, c'qui la fait rêver ?

Juin 2010

Ce n'était que la lune

J'ai mis une claque à Zeus
Sous un effet secondaire
Car lors d'une nuit malheureuse,
Il a lâché la Terre.

Durant des siècles, je l'ai payé,
Hercule lui-même m'a pourchassé.
Mais jamais je n'l'ai regretté,
Je reste toujours sur ma pensée.

Un cheval fou crachant des flammes
Que j'ai envie de chevaucher
Pour impressionner toutes ces femmes,
Puis ceux qui veulent bien m'acclamer.

Sur le coup, je n'ai même plus pensé
À tout c'que j'ai un jour dû quitter.
Ces rires, ces drames, ces nuits brûlées,
Mais pas ceux qui m'ont épaulé.

Épaulé...

Peut-être qu'aujourd'hui, oui, je rêverai
Qu'ce n'était qu'la lune et que tout va bien.
Peut-être que ce soir, oui, je verrai
Qu'enfin il n'y a plus rien.
Rien, rien ! Comme dans ce néant
Aussi vide et malade que mon sang.

Mes bras s'ouvrent,
Mes cicatrices
Se remettent à pleuvoir.
Faut qu'je couvre
Toutes ces actrices
De mes nombreux films noirs.

Je vois qu'les fous sont lâchés
Et qu'les bombes sont activées.
J'ai beau me réveiller,
Ce rêve a traversé
Les limites de la réalité
Et toutes ces séquelles me font pleurer.

Août 2011

Quand les étoiles se disaient les nôtres

J'ai du mal à retrouver la route
Où l'on s'est aimés en août.
Comme dans un très vieux film d'épouvante,
Un drôle de visage me hante.
Sûrement celui d'un passé,
D'une histoire que j'aimerais oublier.
Cette route, je voudrais quand même la revoir.
Si ça fait mal, je veux savoir.
Revoir ton corps nu
Sous le mien étendu.
Et entre deux de tes cris jouissants,
Je demanderai au vent :

    Est-ce que parfois
    Elle me revoit ?
    Sourit-elle des fois
    Au son de ma voix ?
    Le temps où au-dessus de nous nos apôtres,
    Quand les étoiles se disaient les nôtres.

    Quand les étoiles se disaient les nôtres.

Pourquoi je souhaite la retrouver ?
Oh si seulement je savais...
Comme perdu dans un labyrinthe,
Aveuglé par ta silhouette peinte.
C'est idiot, mais je l'ai fait,
Tu m'as fait pleurer. Pleurer...
Tu sais, je me suis souvent fait mal,

Même encore maintenant, est-ce normal ?
J'arrive à destination
Et nos corps sont en fusion.
Et entre deux de tes cris jouissants,
Je me mets à demander au vent :

Est-ce que parfois
Elle me revoit ?
Sourit-elle des fois
Au son de ma voix ?
Le temps où au-dessus de nous nos apôtres,
Quand les étoiles se disaient les nôtres.

Quand les étoiles se disaient les nôtres.

Septembre 2008

Le *cameraman*

Devant moi des guerres se sont déroulées,
Des enfants n'arrêtaient pas d'y rester.
J'ai entendu tant de bombes exploser,
C'était horrible mais je devais filmer.

J'ai croisé un nombre incalculable de *stars*,
Les plus belles n'étaient pas pour moi, même pour un
[soir.
J'ai demandé des autographes à certaines gloires ;
J'aurais dû tout lâcher, mais il est trop tard.

> Je peux mourir en guerre,
> Je serai juste reconnu comme journaliste.
> J'ai le droit de me taire,
> Il y en a des tonnes comme moi sur la liste.
> Je ne suis qu'un *cameraman*,
> L'indispensable qu'on ne voit pas.

J'ai aussi couvert tous les plus beaux festivals
Ainsi que les plus grandes cérémonies.
Avant, je croyais que ç'allait être de la balle,
Mais de là où je suis, c'est si pourri.

Les seuls moments où je me marre,
C'est lorsque je filme des politiques.
Ils peuvent avoir de beaux costards,
Il n'y a qu'eux pour s'croire fantastiques.

> Je peux mourir en guerre,

Je serai juste reconnu comme journaliste.
J'ai le droit de me taire,
Il y en a des tonnes comme moi sur la liste.
Je ne suis qu'un *cameraman*,
L'indispensable qu'on ne voit pas.

Je peux mourir en guerre,
Je serai juste reconnu comme journaliste.
J'ai le droit de me taire,
Il y en a des tonnes comme moi sur la liste.
Je ne suis qu'un *cameraman*,
L'indispensable qu'on ne voit pas.

Je ne suis qu'un *cameraman*,
L'indispensable qu'on ne voit pas !...

Juin 2006

Ju

J'ai revu défiler des mondes
Que l'on a oubliés,
Senti l'effet des bombes
Que tu m'as envoyées.
J'ai pu user le bout d'la corde
Par laquelle tu m'tenais.
La voix de cette discorde
Hurle lorsque tu le fais.

> Dis-moi ce que je peux dire,
> Me faut-il encore t'écrire ?
> Dis-moi ce que je peux dire,
> Es-tu prête à me maudire ?!

Je suis enterré sous le sable,
Je ne t'ai pas vue tirer.
Il me faut ressusciter
En ne pensant pas à ton mâle.
Te voir mourir me trouble,
Je sais que tu me cherches.
Et là, tu vois, j'attends le nouveau coup
Avant que tu me détestes comme la peste.

> Dis-moi ce que je peux dire,
> Me faut-il encore t'écrire ?
> Dis-moi ce que je peux dire,
> Es-tu prête à me maudire ?!

Octobre 2009

Life + Earth

Des lueurs bien trop tristes,
Ne sachant où briller,
Incertitudes qui aveuglent la piste ;
À n'en plus vouloir se retrouver.

Au-delà du ciel,
Par-dessus la nuit,
Les autres planètes rient
En voyant ce qu'on a fait d'elle.
En voyant ce qu'on a fait d'elle...
Ce qu'on a fait d'elle...

Dans une autre vie,
Je t'aurai, c'est promis,
Et j'entendrai tes cris
Lorsque viendra la nuit.

Au-delà du ciel,
Par-dessus la nuit,
Toutes les autres planètes pleurent
En voyant cette horreur.
Ce qu'on a fait d'elle...
Ce qu'on a fait d'elle...

Au fond de mes yeux,
Oui, se meurt le peu
De ce qu'il me reste de vie,
C'n'est plus qu'une ombre que je suis.
Ce qu'on a fait d'elle...

Ce qu'on a fait d'elle...
Ce qu'on a fait d'elle...
Ce qu'on a fait d'elle...

Août 2009

Hot nights in winter

Quand vient alors s'épanouir la froide nuit
Avant qu'un autre monde avale nos esprits,
Lorsqu'on veut que des heures de nos vies soient
                              [comblées,
Ce sont nos désirs que l'on vient lécher.

Mais quelle déprime les soirs où je ne peux sentir
Nos corps se toucher et se faire frémir.
Là, ce n'est pas aux lignes blanches que je veux me
                              [rendre,
C'est un plus bel abandon lorsque ce sont mes démons
                         [que tu viens pendre.

Oui, que tu viens pendre !

    Écris-moi de nouveau, reviens à ma rencontre.
    Ne vois-tu pas que je te veux ?! Sentir nos corps
                              [qui s'affrontent !
    Sortir encore nos peurs et recasser nos montres ;
    Que nos vies s'entremêlent, en se foutant de ceux
                              [qui ont honte !

    De ceux qui ont honte !

Mais que vas-tu encore inventer
Pour le plaisir sadique de m'égarer ?
C'est par tes mains qu'tu veux me voir abandonner,
Vengeance de ce que je t'ai fait crier.
Oui, les feuilles mortes ont fini de mourir,

Les fantasmes des autres, arrêtons d'les lire
Juste un peu, les fous ne les mettront en cendres.
Envolons-nous, même si je n'ai pas du tout le don de la
[belle Cassandre.

De la belle Cassandre !

Écris-moi de nouveau, reviens à ma rencontre !
Ne vois-tu pas que je te veux ?! Sentir nos corps
[qui s'affrontent !
Sortir encore nos peurs et recasser nos montres ;
Que nos vies s'entremêlent, en se foutant de ceux
[qui ont honte !

De ceux qui ont honte !

Décembre 2010

Mes frissons

Mes frissons sont couchés
Toujours à l'encre noire,
Sur papier recyclé,
Matin ou très tard.

   Mes frissons sont des délires
   Que je ne peux qu'écrire,
   Mes frissons sont durables
   Comme les cauchemars que je trimballe.
   Mes frissons sont des délires
   Faits parfois avec le sourire.
   Oh ! mes frissons sont durables
   Comme ces angoisses que je trimballe.

Si j'écris encore tard le soir,
C'est que ma vie n'est toujours pas facile
Et que les *D-Days* me sont assez rares,
Ou qu'avec les femmes, c'est futile.

Il me faut de nouveau remonter,
Il me faut de nouveau raconter.
Je me fonds de nouveau dans la nuit
Pour ne pas me voir seul dans ce lit.

   Mes frissons sont des délires
   Que je ne peux qu'écrire,
   Mes frissons sont durables
   Comme les cauchemars que je trimballe.
   Mes frissons sont des délires

Faits parfois avec le sourire.
Oh ! mes frissons sont durables
Comme les angoisses que je trimballe.

Mes frissons sont des délires
Que je ne peux qu'écrire,
Mes frissons sont durables
Comme les cauchemars que je trimballe.
Mes frissons sont des délires
Faits parfois avec le sourire.
Oh ! mes frissons sont durables
Comme les angoisses que je trimballe.

Comme les angoisses que je trimballe...
Comme les cauchemars que je trimballe...
Comme toutes ces angoisses que je trimballe...
Que je trimballe ! Que je trimballe !

Juin 2010

Ne pas être roi

Elle est forte,
Bien plus que moi,
Mais peu m'importe,
Je ne cherche pas ça.
Je le supporte
De ne pas être roi...

Je l'assume complètement
Quand elle fait les choses elle-même.
Dès qu'elle retire ses vêtements,
Qu'est-ce que je l'aime.
Je le supporte
De ne pas être roi...

J'aime quand elle me dit
Ce que je dois faire ;
Être sa petite souris,
Ça, c'est mon affaire.
Je le supporte
De ne pas être roi...

Elle est mon Unique, ma Reine,
Et je m'incline.
Quoi qu'il advienne,
Je l'écris à l'encre de Chine :
Je le supporte
De ne pas être roi...

Je le supporte
De ne pas être roi...

Je le supporte
Car je ne m'aime pas…

Ne pas être roi…

Octobre 2007

An 2009

Des cheveux courts
Pour des femmes qui défient l'ordinaire,
Je veux danser
Avec ceux qui crachent sur l'éphémère
Pour oublier
Qu'un jour ils vont tous nous foutre en l'air.
Croire en la vie
Comme si dehors ce n'était pas l'Enfer ;
Y a qu'dans la nuit
Qu'on ne voit pas que tout est à l'envers.

Des cheveux longs
Pour les hommes qui s'aiment entre eux sans se taire,
Je bois pour eux,
C'est pour moi comme une sorte de prière.
Mes cicatrices,
Elles aimeraient reprendre un peu l'air.
Celles où mon sang
Montrait toute l'ampleur de ma misère.
Deux lames, des larmes,
La chose que je ne veux pas refaire.

J'pense à ces hommes
Qui aiment ces femmes rendant la vie claire
Tout en souhaitant
Que jamais elles n'partent un soir d'éclair,
Comme elles m'ont fait
Lorsque tout a sauté en plein air.

Des cheveux courts
Pour des femmes qui défient l'ordinaire,
Je veux danser
Avec ceux qui crachent sur l'éphémère
Pour oublier
Qu'un jour ils vont tous nous foutre en l'air.
Croire en la vie
Comme si dehors ce n'était pas l'Enfer ;
Y a qu'dans la nuit
Qu'on ne voit pas que tout est à l'envers.

Août 2009

Œil pour œil, sang pour sang

Tu l'as frappée,
Elle a pleuré.
Tu l'as cognée,
Elle a crié.
Tu l'as saignée
Et défroissée.
Aujourd'hui, elle est enterrée
Et tu continues d'respirer !

Maintenant, à moi de te faire hurler,
Mon plus beau soir sera celui où je te crèverai.
Crois-moi, je n'aurai plus aucune pitié,
C'est à la petite cuillère qu'il faudra te ramasser.

    Œil pour œil,
    Sang pour sang !
    J'vais t'écraser comme une feuille
    Et ça va durer longtemps !
    Œil pour œil,
    Sang pour sang !
    Regarde bien ce cercueil,
    Tu vas y être à l'instant.

Elle était ma petite sœur,
On a été faits par les mêmes cœurs.
Oui, on vient des deux mêmes chairs.
Tu vas vivre un véritable enfer.

Tu n'es qu'une pauvre loque, un impuissant
Qui a trouvé que le seul moyen d'être excité

C'était de claquer, de s'acharner
Sur quelqu'un de moins résistant. De moins résistant...

  Œil pour œil,
  Sang pour sang !
  J'vais t'écraser comme une feuille
  Et ça va durer longtemps !
  Œil pour œil,
  Sang pour sang !
  Regarde bien ce cercueil,
  Tu vas y être à l'instant.

Novembre 2007

Pourquoi ?!

« Pourquoi ?! »
Éternelle question
Qui résonne dans ma tête,
Éternelle question
Qui revient à tue-tête.

Pourquoi ?!
Alors que la vie est triste
Et qu'elle passe vraiment trop vite,
Nous mourrons tous un jour, alors pourquoi ?!
Pourquoi persiste-t-on et pourquoi j'existe ?...

Pourquoi,
À chaque fois que je souris,
Une saloperie me fait de nouveau détester la vie ?!
Dis-moi, à quoi faut-il que je m'accroche
Pour éviter que tout en moi décroche ?

Pourquoi,
Lorsque je veux être heureux,
Je me retrouve toujours avec le cœur et le corps en
[deux ?!
Pourquoi ?!
Mais qui veut ça ?!...

Pourquoi,
Quand je crois que tout est derrière moi,
Ça me rattrape une nouvelle fois ?!
Tout n'est qu'un éternel recommencement,

À vous rendre dément.

Pourquoi ?!
Si quelqu'un a la réponse,
Mais qu'il vienne avant que je renonce.
Ça m'est déjà arrivé deux fois,
Est-ce vrai « jamais deux sans trois » ?
Oh ! dites-moi pourquoi...

Pourquoi ?!
Pourquoi ?!
Pourquoi ?!
Pourquoi ?...

Décembre 2007

Samedi à Londres (Avant de la tuer)

Samedi à Londres
Avant de la tuer.
Ne pas me morfondre
Après l'avoir gardée.
Et cette pluie qui tombe,
Me changer les idées.
Samedi à Londres
Avant de la tuer.

Ce dimanche
Sera son dernier,
Lui apprendre
Ce que c'est de me quitter.
Samedi à Londres
Avant de l'exterminer.

Samedi à Londres
Avant de la tuer.
Dans une ruelle
Je compte bien l'éventrer.
Holmes en aura
À me reprocher.
Vient Oliver
Qui veut m'apaiser,
Et court Charlot
Qui veut arranger
Mon mal qui gronde
Pour n'pas la toucher.
Un sombre roumain

Veut mon sang mauvais.
Sam'di à Londres
Et la retrouver...

Et la retrouver...

Et la retrouver...

Samedi à Londres,
J'ai bien déprimé.
Là, nous sommes lundi
Et je n'ai rien fait.

Décembre 2010

Je suis le monde

J'existe depuis des millénaires,
Je suis bleue et on m'appelle « Terre ».
En moi ont eu lieu les pires conflits, les pires guerres.
C'est à moi qu'on devrait adresser des prières.

Mais des hommes cupides,
Aussi odieux que stupides,
Se proclament mes maîtres
Pour diriger mes plus faibles êtres.

    Je suis le monde !
    Je suis immonde !
    Je me fais avoir
    Par ceux que je porte en mon sein.
    Vous verrez qu'un soir,
    Ils me tueront, oui, c'est certain !
    Je suis le monde !
    Je suis immonde !

J'existe depuis des millénaires,
Je suis bleue et on m'appelle « Terre »,
Sauf que là, je bouillonne de douleur ;
Je suis parfois remplie de froideur.

En moi les gens se détestent,
En moi il y a eu la peste
Et je n'peux m'en relever ;
Je ne peux plus supporter !

J'existe depuis des millénaires !
Je suis bleue et on m'appelle « Terre » !

Je suis le monde !
Je suis immonde !
Je me fais avoir
Par ceux que je porte en mon sein.
Vous verrez qu'un soir,
Ils me tueront, oui, c'est certain !
Je suis le monde !
Je suis immonde !

Janvier 2008

Quel drôle de sort

J'aimerais vivre autrement,
Oublier un jour qu'le ciel fut blanc.
Le Christ en personne, en me voyant,
A versé des larmes de sang.

Si je t'embrasse dans ta mémoire,
Pense alors à danser avec moi.
Quand dans mes souvenirs vient ta voix,
Je me doute qu'il faut encore croire.

    Quel drôle de sort,
    Nous étions bien les plus forts.
    Quel drôle de sort,
    Nous provoquions même la Mort.
    Quel drôle de sort,
    Mais les bougies brûlent encore.

Tu étais directe pourtant
Et je n'ai même pas vu ces tournants.
Ce n'était pas y aller doucement,
Cet air voulait donc dire que tu mens.

Jeté comme un vieux mouchoir,
Un jour on oubliera tous ces mois.
D'autres ont repris ce qui était notre loi
Tout en rallumant ce vieux manoir.

    Quel drôle de sort,
    Nous étions bien les plus forts.
    Quel drôle de sort,

Nous provoquions même la Mort.
Quel drôle de sort,
Et les bougies brûlent encore.

Mai 2011

Ce qu'elle m'a fait

Tel un mendiant devant un trésor,
Je la touche et la regarde des heures.
Ses yeux et sa bouche me réclament
Tandis que mes envies s'enflamment.
Sa silhouette sous ces lumières tamisées,
Je réalise ce que j'ai fantasmé.
Je ne sais ce qu'elle m'a fait,
Suis-je bien en train de l'aimer ?

Tous la regardent,
Oui, tous la veulent.
Elle se fiche qu'ils lui ordonnent de bien prendre garde,
Ce qu'elle veut pour se détendre, c'est ma personne.
Sa peau sous ces lumières tamisées
Recouverte de mes baisers...
Je ne sais ce qu'elle m'a fait,
Est-ce que je suis en train de l'aimer ?

Tel un damné devant son idylle,
Tout n'est plus si fragile.
Prolonger le plaisir,
Exécuter tout ce qu'elle désire.
Sa nudité sous ces lumières tamisées,
Le plan est si parfait, si parfait... Parfait...
Je ne sais ce qu'elle m'a fait,
Suis-je bien en train de l'aimer ?
Je ne sais ce qu'elle m'a fait,
Suis-je bien en train de l'aimer ?

Je ne sais ce qu'elle m'a fait.

Je ne sais ce qu'elle m'a fait...

Janvier 2009

Mélancolie d'un poète

Au long des terres
Je me perdrai,
Au fond des mers
Je me noierai.

Jusqu'à la lune
Je monterai,
Vers des lacunes
Je foncerai.

Je renierai, oublierai le Nord
Tant que je pleurerai encore,
Et si ça doit être jusqu'à ma mort,
Alors je redoublerai d'efforts.

Mon unique raison de vivre
Est d'essayer de tenir,
Mais constamment je doute ;
Le sang et les gouttes
Coulent parfois sur moi,
Traînent un peu trop sur moi...

Vivre, c'est l'enfer
Et il faut que j'essaie...
Regarder en l'air
Puis continuer d'avancer.
Trouver un plaisir d'exister...
Trouver un désir d'exister...
Trouver une raison d'exister...

Novembre 2008

Loving madness

Si nous courions
Cheveux au vent ?
Et si nous crachions
À la face du temps ?
Dis, si nous pensions
À attraper ces trains ?
Si nous avancions
Seulement main dans la main ?

Dieu dit que c'est mal,
On pense que c'est bien ;
On ne lui a rien demandé,
Qu'il s'occupe de ceux qui ont faim.
Croire en nous
Sera déjà pas mal,
Croire en nous,
Ce sera un exploit.

Être le matin ce que tu vois,
Respirer au son de ta voix,
Et puis toutes les nuits, on criera
Que l'on voudra rester comme ça.

Si nous comptions
Chaque nuit les étoiles ?
Si nous brûlions
Simplement nos vies ?
L'un contre l'autre
Sans se séparer,
L'un contre l'autre

Sans se répéter.

La folie nous perdra
Peut-être bien ;
La passion nous aura,
C'est certain.
Si ce n'est pas déjà fait,
Oui, ça arrivera.
Si elle n'nous a pas frôlés,
Elle nous rattrapera.

     Être le matin ce que tu vois,
     Respirer au son de ta voix,
     Et puis toutes les nuits, on criera
     Que l'on voudra rester comme ça.

Mars 2009

La meilleure chanteuse de blues

Trois mois ont défilé,
Il s'y rendait tous les soirs,
Ici, dans ce vieux bar
Situé dans un coin paumé.

Impatient, il attendait vingt-trois heures
Uniquement pour son numéro.
À la fin, il était toujours en pleurs,
Trouvant tous ces morceaux vraiment beaux.

    Il était tellement séduit
    Par sa musique, sa voix douce ;
    Sans conteste, elle était pour lui
    La meilleure chanteuse de blues.

Il n'a jamais osé
Aller la rejoindre et lui parler,
Et puis un soir damné,
De l'affiche son nom fut retiré...

Il s'est mis à chercher en vain
Où elle pouvait bien se produire,
Et un autre maudit soir, alors qu'elle ne chantait pas
                                     [loin,
Privé de sa drogue, ce fou se flingua près des ordures.

    Il était tellement séduit
    Par sa musique, sa voix douce ;
    Sans conteste, elle était pour lui

La meilleure chanteuse de blues.

Elle n'a jamais su
Qu'un homme était amoureux d'elle.
Il n'y a toujours personne qui n'la reconnaisse dans la
[rue,
Elle se demande si son œuvre fera un jour des
[étincelles...

Il était tellement séduit
Par sa musique, sa voix douce ;
Sans conteste, elle était pour lui
La meilleure chanteuse de blues.

Ô sa voix douce ! Ô sa voix douce
L'a enfoncé dans un vrai blues...

Juin 2006

Hot nights in winter II

Quand tes lèvres dures et sèches
S'adoucissent et mouillent au contact des miennes,
Le poison que tu cherches,
Tu l'sais, il est à toi quoi qu'il advienne.

Tu souhaites que je frappe et caresse
Des endroits de ton corps que tu me soumets,
Ensuite tu voudras que je cesse
Pour que ce soit toi qui te mettes au sommet.

  Les heures peuvent bien tourner
  Et les secondes peuvent bien trembler,
  Quand tu t'es retournée,
  Je ne voulais plus te lâcher.

  La vie peut bien défiler
  Et les hommes poursuivre leurs procès,
  Quand t'as dit que tu m'aimais,
  Je ne voulais plus te quitter.

Amour, toi qui restes au-dessus,
Ondules histoire de me rendre encore plus dingue,
Pourvu que nous ne voyions plus
Ce pauvre fou s'acharner avec son vieux flingue.

Impossible de voir le pire,
Ce qui fait la société, on l'ignore.
Hors de question de dormir,
Peu importe jusqu'où on propulse l'effort.

Les heures peuvent bien tourner
Et les secondes peuvent bien trembler,
Quand tu t'es retournée,
Je ne voulais plus te lâcher.

La vie peut bien défiler
Et les hommes poursuivre leurs procès,
Quand t'as dit que tu m'aimais,
Je ne voulais plus te quitter.

Les heures peuvent bien tourner
Et les secondes peuvent bien trembler,
Quand tu t'es retournée,
Je ne voulais plus te lâcher.

La vie peut bien défiler
Et les hommes poursuivre leurs procès,
Quand t'as dit que tu m'aimais,
Je ne voulais plus te quitter.

Tandis que tu me rends électrique,
De l'autre côté de l'Atlantique,
Des âmes devant leurs écrans s'écrient : « *Oh my God!* »
Perdra-t-il Ziva ?
Perdra-t-il Ziva ?!
La perdra-t-il ? La suite au prochain épisode.

Janvier 2011

Aude et Aurore

Ce sont deux filles de dix-sept ans
Et elles s'aiment tendrement.
Main dans la main, elles s'affichent sans problème,
Fantasment sur une future vie de bohème.

Homophobes refoulés, leurs deux familles font la
[gueule,
Leurs amis sont heureux de voir qu'elles ne sont pas
[seules.
Ravis aussi qu'elles se soient enfin trouvées,
Pour eux, c'est la plus belle union qui fut créée.

Aude et Aurore connaissent tout de leurs corps,
Elles ont essayé les caresses des hommes,
C'est pour ça que ce sont les femmes qu'elles
[consomment.
Today un an d'amour pour Aude et Aurore,
C'est beau de voir combien elles s'aiment encore.
Aude et Aurore font vraiment la paire,
Une rupture aurait un goût amer.

Elles ne se sont jamais disputées
Ni accidentellement blessées.
C'est ça qu'on appelle l'amour parfait
Et cette passion n'a rien d'un secret.

Elles se demandent comment elles ont fait
Pour ne pas s'être rencontrées plus tôt.
L'essentiel, c'est qu'elles se soient croisées
Et que tout ce roman soit si beau.

Aude et Aurore connaissent tout de leurs corps,
Elles ont essayé les caresses des hommes,
C'est pour ça que ce sont les femmes qu'elles
                                    [consomment.
Today un an d'amour pour Aude et Aurore,
C'est beau de voir combien elles s'aiment encore.
Aude et Aurore font vraiment la paire,
Une rupture aurait un goût amer.

Aude et Aurore connaissent tout de leurs corps,
Elles ont essayé les caresses des hommes,
C'est pour ça que ce sont les femmes qu'elles
                                    [consomment.
Today un an d'amour pour Aude et Aurore,
C'est beau de voir combien elles s'aiment encore.
Aude et Aurore font vraiment la paire,
Une rupture aurait un goût amer.

Un an d'amour pour Aude et Aurore,
Espérons que cela dure encore.

Avril 2007

Tu m'aimais

J'ai juste pris ma guitare
Un soir d'été,
Je suis parti très tard,
Sans hésiter.
Le soleil se couchait
Dans tes pensées,
Je te chantais *Angie*
Et tu m'aimais,
Tu m'aimais... Tu m'aimais...
Oui, tu m'aimais...

Tous les deux dans ce lit,
Je te décrivais la nuit.
Tes yeux étaient fermés,
Paraît-il, pour mieux rêver.
La lune t'observait,
Elle te désirait.
Je te murmurais « Je te promets »
Et tu m'aimais. Et puis tu m'aimais...

J'ai demandé aux étoiles
De briller pour toi,
Aux navires de mettre les voiles,
Les plus belles – comme toi.
Aux musiciens de jouer des ballades
Sans exagérer.
Même Scorpions faisait la sérénade,
Et puis tu m'aimais.

Je t'ai demandé
De m'aimer tendrement,
Et tu le faisais.
Oui, tu m'aimais. M'aimais...

Mai 2009

Si tu le veux, ma vie t'appartient

Ma petite blonde qui me plaît bien,
Sais-tu qu'avec toi je suis si bien ?
Avant de te connaître, je croyais que je n'étais rien
Et si tu le veux, ma vie t'appartient.

Là, il me suffit juste d'être avec toi,
Mais comment fais-tu pour me rendre comme ça ?
Je n'ai jamais autant aimé quelqu'un
Et si tu le veux, ma vie t'appartient.

Tous les deux, on a vécu tant d'histoires,
Et puis je te serre contre moi depuis déjà pas mal de
[soirs.
Si tu savais ce que je ressens en sentant ton parfum.
Oui, si tu le veux, ma vie t'appartient.

Si tu la refuses, ne t'en fais pas, je comprendrai bien,
Mais j'aurai du mal à t'aimer demain
Et à vouloir rester vivant jusqu'au petit matin.
Oui, si tu le veux, ma vie t'appartient.

Si tu le veux, ma vie t'appartient.

Tu as refusé ce que je demandais...
Aujourd'hui, c'est donc ma dernière journée.
Mon existence ne vaut vraiment plus rien.
Oh non, à plus personne ma vie n'appartient.

À plus personne ma vie n'appartient...

Juin 2007

Lorsque ses yeux me rappellent

Au loin, elle chante ma peine,
Vit mes mots remplis de tristesse.
De l'autre côté des plaines,
La nuit, je l'écoute sans cesse.
Ma mémoire se rappelle
Combien je souriais près d'elle.
Sa beauté étincelle
Lorsque ses yeux me rappellent.

Je me suis aperçu trop tard
À quel point j'aimais son visage,
Et il a fallu son départ
Pour me rendre compte que c'était sur un nuage
Que je vivais, que je vivais
Quand j'étais à ses côtés. À ses côtés...
Et sa beauté étincelle
Lorsque ses yeux me rappellent.

Il va bien falloir que j'avance,
De toute façon, je connais la danse
Et la méchanceté de la chance
Qui m'exprime son indifférence.
Il me faut être heureux pour elle,
Changer de chapitre, d'étincelle.
Mais sa beauté n'a de telle
Lorsque ses yeux me rappellent.

J'écris ma peine
Et elle ne chantera pas cette tristesse

Vu qu'elle est de l'autre côté des plaines,
Puis la nuit, d'autres l'entendront sans cesse.
Non-stop, ma mémoire se rappelle
Combien je souriais près d'elle,
Et sa beauté étincelle
Lorsque ses yeux me rappellent.

Et sa beauté étincelle
Lorsque ses yeux me rappellent.
Lorsque ses yeux me rappellent.
Lorsque ses yeux me rappellent.

Février 2009

Seul dans le désert

Seul dans le désert,
Laissez-moi seul dans le désert.
Défier tout et l'air,
Oublier ce qui est à faire.
M'laisser avec mes démons
Pour un nouveau combat,
Les enterrer bien profond
Jusqu'à la prochaine fois.

Seul dans le désert,
Laissez-moi seul dans le désert.
Tenter de parler au soleil,
Voir un beau ciel bleu,
Trouver que c'est une merveille,
Moi qui ne connais que la nuit et eux...

Seul dans le désert !
Laissez-moi seul dans le désert !
Seul dans le désert,
Laissez-moi seul dans le désert.
Trouver une lumière
Ou à quoi je sers.
J'en ai marre de tout,
Oui, je veux m'éloigner des coups,
La vie aime nous mettre à genoux.
Partir avant de tomber fou.
Seul dans le désert !
Laissez-moi seul dans le désert !

Seul dans le désert,
Laissez-moi seul dans le désert.
Seul dans le désert,
Laissez-moi seul dans le désert.
Seul dans le désert,
Laissez-moi seul dans le désert.
Seul dans le désert !
Laissez-moi seul dans le désert !

Novembre 2009

Dream of glory

Dans ce monde, plus rien ne m'étonne,
Les mauvaises choses tout comme les bonnes.
Parfois je ne veux plus exister
Pour ne plus avoir à m'effacer.

M'élever...

Ne plus me voir comme un incapable,
Au fond de moi ne plus être coupable.
Là tout devient n'importe quoi,
Il n'y a plus aucune loi,
Surtout pour ceux qui vivent en bas ;
Je le sais car je viens de là.

M'élever...

Je regarde constamment en haut,
Je veux voir à quel point c'est beau.
Mais je n'suis pas assez salaud,
J'en ressortirai sans ma peau.

Dans ce monde, plus rien ne m'étonne,
Les mauvaises choses tout comme les bonnes.
Parfois je ne veux plus vivre
Dans cette grande et profonde rive.

M'élever...

Pouvoir regarder les gens dans les yeux,

Puissants ou non, dire ce que je pense d'eux.
Avoir une voix qui puisse guider certains
Sans qu'ils fassent fi de moi le lendemain.
Fidélité d'eux et de moi-même,
Y a peu de gens à ce point qu'on aime.

M'élever...

Ne plus regarder constamment en haut
Et enfin savoir à quel point c'est beau.
Et si je n'suis pas assez salaud,
Au moins, j'aurais fait quelque chose de ma peau.

Juillet 2008

So

La nuit douce et chaude était noire,
Sauf une étoile qui s'extériorisait à la lune.
Comme un défi lancé au soir,
Elle croyait que c'en était une
Et c'était le cas.
Et c'était le cas.

    Dans la trouble destinée,
    Elle voulait la toucher,
    Mais il fallait attendre
    Pour ne pas se méprendre.
    Oui, il fallait attendre,
    Le jour ferait des cendres.

Tous les jours elle passait sous un train,
Parfois pour aller la retrouver.
Pour sentir sa chaleur sans fin,
Pour le plaisir de l'admirer
Et elle aimait ça.
Et elle aimait ça.

    Dans la trouble destinée,
    Elle voulait la toucher,
    Mais il fallait attendre
    Pour ne pas se méprendre.
    Oui, il fallait attendre,
    Le jour ferait des cendres.

Chaque nuit des paroles, des gestes,

Et puis des massages, des caresses.
Toutes les lumières dansaient sous elles
Jusqu'au matin, brisant la belle.

La nuit douce et chaude était noire,
Sauf une étoile qui s'extériorisait à la lune.
Comme un défi lancé au soir,
Elle croyait que c'en était une
Et c'était le cas.
Et c'était le cas.

    Dans la trouble destinée,
    Elle voulait la toucher,
    Mais il fallait attendre
    Pour ne pas se méprendre.
    Oui, il fallait attendre,
    Le jour ferait des cendres.

Octobre 2009

Les anges tuent

Les esprits dominants ont trop marché sur nos têtes,
À tel point qu'on ne peut plus s'en relever.
Même nous, les innocents, nous ne serons pardonnés.

Oh ! on les a laissés faire de nos vies des défaites,
Des châteaux de verre tous prêts à s'effondrer,
Et ne parlons pas de cette Terre prête à exploser.

Maintenant, il y a eux qui viennent couper des têtes
Étant donné qu'ils ne peuvent plus supporter
De voir ce qu'ils ont fait, et ce, en sécurité.

Les anges tuent !
Les anges tuent.

Mais dis-moi, que sera-t-on donc au prochain hiver ?
Verra-t-on encore ce spectacle affligeant
En s'courbant devant ceux qui s'prennent pour le
                              [Tout-Puissant ?

À force de se prendre pour les maîtres de cet univers
Et fiers de pouvoir vivre un peu plus longtemps,
Ils n'imaginent pas qu'ils peuvent tous être saignés à
                              [blanc.

De plus en plus décidés à faire tomber des têtes,
Sans retenue, comme des soldats affûtés,
Histoire de rappeler qui doit être écouté.

Les anges tuent !

Les anges tuent.

Et pour eux, aucun n'a d'excuse,
C'est tout le monde qu'ils accusent. C'est tout le monde
                              [qu'ils accusent...
À leurs yeux, nous sommes tous coupables,
Même les innocents auront droit à la peine capitale.

Les anges tuent !
Les anges tuent !

Les anges tuent !
Les anges tuent !

Juillet 2010

La dernière nuit de Céline

Céline court sous la pluie
Pour rattraper un taxi.
À l'intérieur, son amant.
Pour lui, tout est fini.
Sauf qu'elle l'aime tellement,
Le voyait comme un mari.
Mais il la quitte au beau milieu de cette nuit sans lune
Tandis que les gouttes et les larmes inondent la belle
                                    [brune.

Céline marche seule en pensant à lui,
Regard perdu et moral détruit.
Elle comprend que c'est définitivement fini
Avec celui qu'elle considérait comme sa propre vie
Parce qu'il ne voulait pas d'une troisième personne.
Dans son corps secoué, c'est la chute de Babylone.
Céline se demande comment elle fera toute seule,
Comment bien s'occuper d'un petit être toute seule...

À l'aurore, Céline ne court plus sous la pluie,
Ne pense plus et n'a plus le moral détruit
Puisque son corps est retrouvé sans vie.

Et dire que son admirable amant
Ne saura jamais qu'on l'a retrouvée baignant dans son
                                    [sang
Car ce salaud, lui, vivra tranquillement
Aux côtés d'une famille qui l'aime tant.

Pauvre Céline, tu ne méritais pas ça,

Pas ce type qui n'te voulait que sous tes draps.
Pauvre Céline, tu ne méritais pas ça,
Tu ignorais qu'il était déjà papa.

Mai 2008

Nous ne mourrons pas

J'ai pris tes yeux
Pour mieux les regarder,
Senti ta joue,
C'est pour mieux la croquer
Tandis que dehors, à cause d'eux,
La nature est en train d'exploser.
Non, ne changeons pas,
Nous ne mourrons pas.

C'est aux griffes de l'existence
Que l'on sauve nos peaux de temps en temps,
Quand nos dimanches
Ont le goût de vide, plus rien de grand.
Non, ne changeons pas,
Nous ne mourrons pas.

    Ta vie sans manières,
    J'aimerais qu'elle soit à moi.
    Mon âme pleine de mystères,
    Je crois qu'elle est faite pour toi.
    Amour, ne changeons pas,
    Nous ne mourrons pas !

Il n'y a plus d'orages
Dans le creux de mes nuits,
Mais j'aime quand même ça.
Ton allure trop sage
Sommeille dans mon lit
Et je ne m'en lasse pas.

Non, ne changeons pas,
Nous ne mourrons pas.

Ta vie sans manières,
J'aimerais qu'elle soit à moi.
Mon âme pleine de mystères,
Je crois qu'elle est faite pour toi.
Amour, ne changeons pas,
Nous ne mourrons pas !

Janvier 2010

Ne lui pardonne pas

Il t'a piétiné
Le cœur plus d'une fois
Et tu veux te jeter
De nouveau dans ses bras,
Mais sache qu'encore une fois,
La douleur reviendra.

    Je sais ce que tu ressens,
    Je me suis contrôlé, fais-en autant.
    Avant j'étais tout comme toi,
    Voulais recommencer encore une fois.
    Pour ne pas encore souffrir, fais comme moi :
    Ne lui pardonne pas. Ne lui pardonne pas...

Repense à la douleur
Qu'il t'a infligée,
Aux médicaments
Avec lesquels tu as voulu te tuer.
Si tu retournes avec,
Prépare-toi à morfler, à recommencer...

    Je sais ce que tu ressens,
    Je me suis contrôlé, fais-en autant.
    Avant j'étais tout comme toi,
    Voulais recommencer encore une fois.
    Pour ne pas encore souffrir, fais comme moi :
    Ne lui pardonne pas. Ne lui pardonne pas...

Je suis dur, je sais,

Mais c'est la vérité.
Il se fout de toi,
Il veut te posséder.
Tu es trop bien pour lui
Et ça, tu le sais...

Je sais ce que tu ressens,
Je me suis contrôlé, fais-en autant.
Avant j'étais tout comme toi,
Voulais recommencer encore une fois.
Pour ne pas encore souffrir, fais comme moi :
Ne lui pardonne pas. Ne lui pardonne pas...

La vie est dure, je sais, mais c'est comme ça.
Tu l'aimes, oui, sauf qu'il ne te mérite pas,
L'infâme type que je pointe du doigt.
Prends ce poignard puis rejoins-moi.
Et surtout : ne lui pardonne pas.

Janvier 2006

F.K. is in my dreams

Crois-tu aux rêves ?
Je ne revois plus les miens.
À quoi ça sert ?
Oh j'ai l'angoisse de certains.
Dans ce désert,
Je me promène, incertain.
Quel maudit rêve.
Pourquoi tant de sang d'Indiens ?

Il ronge, il mange ;
Pourquoi dit-on que j'ai la gueule d'un ange ?

    Dis-moi,
    N'as-tu jamais crié ?
    Dis-toi
    Que j'aimerais encore t'accompagner.
    Le soleil caresse la lune,
    Tes mains se posent sur moi une par une.
    Tu es la lumière qui m'aveugle agréablement.
    Approche-toi, qu'on ne voie pas qu'il court en
                           [riant.
    Tu es la lumière qui me séduit amplement.
    Agrippe-moi encore, il s'approche de nous en
                           [criant.

Je n'ose plus m'endormir,
Je déteste l'entendre rire.
Il sait que je n'aime pas vivre,
Sauf que je veux m'en sortir.

Oui, de ce foutu désert,
Encore une fois j'en reviens.
Malgré moi j'y retournerai,
Ce sera ma fin, je le crains.

Plusieurs filles chantent,
Elles n'ont plus d'yeux. Il revient, il me hante.

Dis-moi,
N'as-tu jamais crié ?
Dis-toi
Que j'aimerais encore t'accompagner.
Le soleil caresse la lune,
Tes mains se posent sur moi une par une.
Tu es la lumière qui m'aveugle agréablement.
Approche-toi, qu'on ne voie pas qu'il court en
                                    [riant.
Tu es la lumière qui me séduit amplement.
Agrippe-moi encore, il s'approche de nous en
                                    [criant.

Novembre 2008

La reine et le roi

Elle était la reine
Et lui le roi,
Voyez ma peine,
À quoi j'ai droit.
Elle fut mon souffle,
Ce n'est plus le cas.
C'est comme un immense gouffre
Là où je me noie.

Un poignard dans le dos,
C'est tout ce que je vois ;
Ou alors dans le ventre,
Ça donne du courage.
Le roi n'est plus un héros
À cause de moi,
Et c'est par trente
Que je lui retire son âge.

Elle était la reine
Et lui le roi,
Et même ma belle
Y a eu droit.
Je ne suis qu'un dément qui mérite à peine
De respirer, d'aimer, en gros tous ses droits.
Elle était la reine...
... et lui le roi !

Un poignard dans le dos,
C'est tout ce que je vois !

Ou alors dans le ventre,
Ça donne du courage !
Le roi n'est plus un héros
À cause de moi !
Et c'est par trente
Que je lui retire son âge !
Et même ma belle
Y a eu droit !
Elle était la reine...
... et lui le roi !

Novembre 2009

Jeune fille

Jeune fille
Dans une chambre obscure,
Cherchant
Une histoire qui dure.
Du haut de tes seize ans,
Tu souhaites déjà l'Amour.
Encore dans l'insouciance,
Tu veux tomber amoureuse pour toujours.

Jeune fille
Dans une chambre obscure,
Ton PC hurle du Indo,
Tu maudis ces trois profiteurs
Qui s'sont tous éclipsés au beau
Milieu de la nuit.

Jeune fille...

Jeune fille
Dans une chambre obscure,
Tu aiguises un splendide poignard
Destiné à ces profiteurs.

Aussi déterminée
Qu'ils ont vite dégagé,
Tu comptes les avoir
Tous les trois ce soir.

Ils ne savaient pas

Que tu souhaitais une belle histoire comme ça,
Mais qu'importe pour toi,
Personne au monde ne te rejette comme ça.

Jeune fille
Dans une chambre obscure...

Octobre 2006

Le monde à dominer

J'ai grandi dans un monde d'ouvriers
Que j'ai très vite oublié
Une fois que des millions ont été
Sur mon beau compte amassés.
À présent je m'affiche avec un sosie de Paris Hilton,
M'en foutant que ce soit la reine des bouffonnes.
Je fais absolument tout pour qu'on se souvienne de ma
[personne,
Devenir celui qui le plus vous passionne.

    Je suis le J.R. français,
    J'ai toutes les qualités : un fourbe, opportuniste,
    Le plus grand des arrivistes.
    J'aime ce monde composé des plus grands
                    [enfoirés
    Dans lequel je suis entré.
    J'ai une chance que je n'aurais pu imaginer
    Et là, maintenant, je veux la Terre à mes pieds !
    Ce monde, j'veux le dominer !

La planète bleue peut être plongée dans l'anarchie,
Je m'en fous, j'ai de quoi me protéger contre deux
[guerres mondiales.
Des gens meurent peu à peu à force de ne pas être
[nourris,
Ça ne change rien, je n'donnerai que dalle.
Je suis une enflure, moi-même je le dis,
C'est la société qui m'a pourri en me faisant décrocher
[la timbale !

Je dis à tous comment marcher.
Ce monde, je veux le dominer...

Je suis le J.R. français,
J'ai toutes les qualités : un fourbe, opportuniste,
Le plus grand des arrivistes.
J'aime ce monde composé des plus grands enfoirés
Dans lequel je suis entré.
J'ai une chance que je n'aurais pu imaginer
Et là, maintenant, je veux la Terre à mes pieds !
Ce monde, j'veux le dominer !

Avril 2007

Je l'aimais

Ce temps qui passe
Serait-il moqueur ?
Autant d'angoisses
Qu'au premier quart d'heure.
Je dois zapper mes souvenirs,
Penser à un différent avenir.
Au sein des cris que je pouvais entendre,
Sa main, je la voyais se tendre.
Je peux essayer de la reconquérir,
Mais c'est après un vent qu'il me faudra courir.
Oh ! mais pourquoi est-ce si dur ?
Tout début est une torture.
Si je m'écoutais, je m'ouvrirais les veines
Et mon sang refléterait encore ma peine.
Si je m'écoutais, je me taillerais les veines.
Je dois y penser six/sept fois par semaine.
Et cette douleur encore une fois,
Mais quel est le problème en moi ?
Je me suis battu comme un lion
Pour ne plus craindre le lendemain
Et puis, sans faire attention,
Elle a pris je ne sais quel chemin.
Elle était mon oxygène,
J'étouffe... encore combien de semaines ?
J'étouffe ! Encore combien de jours ?
Quoi qu'il advienne. Quoi qu'il advienne...
Soirs et matins, j'imagine que je suis avec elle,
Tout donner et dire combien elle est belle.

Je suis de nouveau seul dans ce triste monde des
[vivants
Et je me demande quoi faire à présent.
Mais dois-je vraiment tout quitter ?
Réellement arrêter
Et ne plus renaître.
Et ne plus renaître...
Ne plus être,
Ne plus être...

Il faut que je me dise que je l'aimais
Et que c'est une autre qui ira.
Il faut que je me dise que je l'aimais,
Que c'est une autre qui couvrira.
Il faut que je me dise que je l'aimais
Et que c'est une autre qui ira.
Il faut que je me dise que je l'aimais,
Que c'est une autre qui couvrira.
Il faut que je me dise que je l'aimais.
Il faut que je me dise que je l'aimais...

Octobre 2008

La Fin

Le silence,
Le froid du soir,
Ma mémoire,
Notre dernière danse.

Mes larmes,
Mes souvenirs de toi,
Encore mes larmes
Et notre dernière fois.

La nuit,
Le bord de cette falaise,
Le vent qui crie,
Le bruit des vagues m'apaise.

L'envie de plonger
Qui m'attire ;
Ne plus exister
Pour ne plus penser à ton sourire !

Tes baisers,
Tes caresses,
Tout mon passé ;
Oh ! que tout cesse !

Le saut...
Le vide qui s'approche...
Que c'est beau
La Mort qui m'accroche.

Janvier 2008

Sous ton pull, Marine

Jolie fille qui me plaît,
Je te connais depuis peu, c'est vrai.
Jolie fille, tu le sais,
Ton corps m'obsède. Allez, s'il te plaît...

   J'aim'rais voir sous ton pull, Marine,
   Si tes seins sont aussi beaux que j'imagine.
   Et toi, tu me chantes « Imagine... »
   Avec un regard de petite coquine.
   Avec des yeux de libertine...
   Montre ce qu'il y a sous ton pull, Marine.

Tu t'approches vers moi et puis m'embrasses,
Ensuite on s'enlace.
Et lorsque je peux le retirer
Pour les caresser,
Soudain tu te mets à me gifler
Avant d't'en aller...

   J'aim'rais voir sous ton pull, Marine,
   Si tes seins sont aussi beaux que j'imagine.
   Et toi, tu me chantes « Imagine... »
   Avec un regard de petite coquine.
   Avec des yeux de libertine...
   Montre ce qu'il y a sous ton pull, Marine.

Novembre 2006

Je sais qu'ils s'en foutent, les rebelles

Une barque rouillée au bord d'un lac,
À l'intérieur mon corps en appel.
Plus paralysé par le trac,
Mais je sais qu'ils s'en foutent, les rebelles.

Mais je sais qu'ils s'en foutent, les rebelles.

Une chambre d'enfant, un soir en vrac
Et mon âme découpée au scalpel.
Tableau dépouillé, dans un sac,
Je sais qu'ils l'ont vécu, les rebelles.

Je sais qu'ils l'ont vécu, les rebelles.

Ma fureur et vos mains qui claquent,
À l'extérieur vos âmes me rappellent.
Je ne suis plus pris par le trac,
Mais je sais qu'ils s'en foutent, les rebelles.

Mais je sais qu'ils s'en foutent, les rebelles.

Mais je sais qu'ils s'en foutent, les rebelles.
Mais je sais qu'ils s'en foutent, les rebelles.

Mais je sais qu'ils s'en foutent, les rebelles.
Mais je sais qu'ils s'en foutent, les rebelles.

Novembre 2010

Ma Diablesse

Tu me fais penser à une splendide œuvre gothique,
Une véritable beauté satanique,
Et ton sang coule autant que des larmes ;
Tu chopes mon âme comme un soldat prendrait une
                                                    [arme !

Pourtant je t'adore, ma Diablesse.
J'repense sans cesse à tes caresses ;
Et comme j'adore ça, ma Diablesse.

　　Tu me fais mourir,
　　Ma Diablesse.
　　Mourir de plaisir,
　　Ma Diablesse.
　　Je suis ton martyr,
　　Ma Diablesse...

Tu as détruit ma vie
Comme les fleurs que tu fanes !
Tu m'as anéanti
Et mis mon cœur en flamme !

Pourtant je t'adore, ma Diablesse.
Tu resteras ma grande faiblesse ;
Et comme j'adore ça, ma Diablesse.

　　Tu me fais mourir,
　　Ma Diablesse.
　　Mourir de plaisir,

Ma Diablesse.
Je suis ton martyr,
Ma Diablesse...

Tu me fais mourir,
Ma Diablesse.
Mourir de plaisir,
Ma Diablesse.
Je suis ton martyr,
Ma Diablesse...

Pourtant je t'adore,
Mon maudit trésor...

Décembre 2005

Partir pour la soirée

Je suis prêt, je vais partir pour la soirée,
Mais une brune s'allonge sans cesse sur mes pensées
Vu qu'elle ne veut, ne veut pas m'accompagner.
Dans ma tête flottent les scènes de nos nuits osées.

Je suis prêt, je vais partir pour la soirée
Et additionner tout ce qui fait oublier.
La façon qu'elle avait de sourire, de danser,
Et puis quand elle est partie, sans respirer...

Là, j'ai failli faire sauter la tourelle
En la croyant arriver, dériver là.
Tous ces délires, toute cette vie d'immortel,
Tout ce qu'elle est n'est, n'est que du cinéma.

J'ai rendu de la joie dans ses paupières,
Redonné du mouvement dans ses bras.
Je l'ai laissée sortir mon cœur de sous terre
En ne m'attendant pas à ce résultat.

Je suis prêt ! Je vais maudire ce qu'il s'est passé,
Mais cette brune s'allonge sans cesse sur mes pensées
Vu qu'elle ne veut, ne veut pas m'accompagner.
Dans mon esprit flottent les scènes de nos nuits
                                    [passées.

Je suis prêt ! Je vais partir pour la soirée
Et additionner tout ce qui fait oublier.
La façon qu'elle avait de sourire, de danser,

Et puis quand elle est partie, sans respirer...

Mai 2011

Mélancolie d'un poète II

C'est de nouveau la même histoire,
Une journée qui énerve le soir.
Tous ces gens qu'on aime, mais qu'on ne peut
                              [supporter
Avant que le sommeil veuille bien nous attraper.

Je ne suis qu'un mauvais reflet dans la glace
Qui aimerait un jour que tout ça passe ;
Que tout ça casse, que tout trépasse...

Juin 2009

Rien n'est éternel

Un jour, je partirai
Et j'aimerais
Que tu sois à mes côtés.

Qu'on n'ait plus à se déchirer,
N'avoir plus rien à redouter,
Que nos corps s'affrontent en beauté.

> Rien, rien n'est éternel,
> Même la Terre n'est pas immortelle.
> Prends ma main, que nos vies soient belles...

> Rien, rien n'est éternel,
> Même la Terre n'est pas immortelle.
> Oh ! à mes yeux, qu'est-ce que t'es belle...

Un jour, on m'oubliera,
Tout comme ici il y a eu mes pas
Et puis le résonnement de ta voix.

Un jour, on oubliera
Que l'on passait si souvent là,
Que tu me voulais près de toi.

> Rien, rien n'est éternel,
> Même la Terre n'est pas immortelle.
> Prends ma main, que nos vies soient belles...

> Rien, rien n'est éternel,

Même la Terre n'est pas immortelle.
Oh ! à mes yeux, qu'est-ce que t'es belle...

On ne peut vivre l'un sans l'autre,
Je ne veux plus en voir d'autres ;
Que ce chemin soit le nôtre.

Rien, rien n'est éternel,
Même la Terre n'est pas immortelle.
Prends ma main, que nos vies soient belles...

Rien, rien n'est éternel,
Même la Terre n'est pas immortelle.
Oh ! à mes yeux, qu'est-ce que t'es belle...

Mars 2008

Un soir à Moscou

Un soir à Moscou,
C'était une veille de Noël.
Tu sentais la neige sur ton cou,
Tu voulais mes mains pour le réveil.
Nos yeux ne se sont pas quittés
Et la neige continuait de tomber.
Dehors, toutes les couleurs régnaient,
Dans cette chambre le froid ne pouvait rentrer.

Et depuis il n'y a pas eu un jour,
Et depuis il n'y a pas eu un soir
Où mes lèvres étaient loin des tiennes,
Où nos mains ne formaient une chaîne.
On s'est trouvés sans se chercher
Et Noël n'a jamais été aussi bien célébré.
Un démon a croisé une fée,
Puis une belle histoire s'est mise en route, et a
                                        [continué.

Et a continué...

Un soir à Paris,
C'était une veille de Noël.
Tu voulais que je te sourie
Et cesse de dire que tu es belle.
Nos envies n'ont pas diminué,
La neige se remettait à tomber.
Sur la Tour Eiffel les lumières dansaient,
De cette chambre on ne voulait s'en aller.

Il n'y a pas eu un jour,
Il n'y a pas eu un soir
Où mes lèvres étaient loin des tiennes,
Où nos mains ne formaient une chaîne.
On s'est trouvés sans se chercher
Et Noël n'a jamais été aussi bien célébré.
Un démon a croisé une fée,
Puis une belle histoire s'est mise en route, et a
                                    [continué.

Et a continué...

Septembre 2009

Seul

Seul, chez nous, je suis assis.
Seul, dans notre cuisine, je m'ennuie.

Depuis que tu es partie,
Je n'ai plus aucune envie.
Depuis que tu es partie,
Je suis, je suis !...

    ... Seul ! Seul !
    Seul ! Solitaire !
    Seul et sans personne à qui plaire.
    Seul ! Seul !

    Seul...

Seul, j'allume une des télés.
Seul, je regarde les inepties défiler.

Depuis que tu es partie,
Tout m'a l'air vraiment pourri.
Depuis que tu es partie,
Je suis, je suis !...

Seul, je m'allonge dans notre lit.
Seul, l'appel du suicide me séduit.

Depuis que tu es partie,
Je n'ai plus goût à la vie.
Depuis que tu es partie,

Je suis, je suis !...

    ... Seul ! Seul !
    Seul ! Solitaire !
    Seul et sans personne à qui plaire.
    Seul ! Seul !

    Seul...

Je n'ai plus aucune envie,
Tout m'a l'air vraiment pourri,
Je n'ai plus goût à la vie.
Je suis, je suis !...

    ... Seul ! Seul !
    Seul ! Solitaire !
    Seul et sans personne à qui plaire.
    Seul ! Seul !

    Seul...

Août 2005

Laissez-la

Laissez-la aimer
Tout ce qu'elle peut désirer.
Laissez-la rêver
Quand elle souhaite s'évader.
Laissez-la s'ouvrir,
L'empêcher sera pire.
Laissez-la grandir
Là où elle veut s'épanouir.

On ne peut panser nos plaies,
Retenir nos envies de crier.
Sans peur, elle peut tout demander
Malgré cette toile qui vient se hisser.

Exploser les limites de l'inconscience,
Peu importe, il faut mener la danse.
Flirter et plus avec l'insouciance,
On ne peut respirer sans décadence.

Laissez-la aimer
Tout ce qu'elle peut désirer.
Laissez-la rêver
Quand elle souhaite s'évader.
Laissez-la s'ouvrir,
L'empêcher sera pire.
Laissez-la grandir
Là où elle veut s'épanouir.

On sait que demain la Terre sera en feu,

Encore brûler des nuits, profiter un peu.
Ce n'est pas un crime que d'éviter ce jeu,
Il faut bien qu'elle s'approche au moins de ses vœux.

Laissez-la aimer
Tout ce qu'elle peut désirer.
Laissez-la rêver
Quand elle souhaite s'évader.
Laissez-la s'ouvrir,
L'empêcher sera pire.
Laissez-la grandir
Là où elle veut s'épanouir.

Juin 2011

De tout je suis coupable

De vouloir vivre à ma manière
Dans une bulle pour n'plus voir cette chimère,
Ou bien que c'est l'homme qui a créé l'Enfer,
Et de toujours vouloir goûter la chair.
De vouloir brûler plusieurs secondes
Et autant que mon âme le peut,
De courir dans des parties de ce monde
Pour oublier l'insuccès de mes vœux.
De tout je suis coupable,
De tout je suis coupable...

De souffrir en baissant les gants
À force d'avoir trop cru en des gens,
De les relever en revenant à la charge,
Mais sans penser qu'il y a toujours ces mirages.
De ne pas voir le temps passer,
Nous mettre à genoux et nous casser.
N'pas vouloir penser qu'il rajoute de l'âge,
De n'être qu'une tête brûlée remplie de rage.
De tout je suis coupable,
De tout je suis coupable...

De tout je suis coupable,
De tout je suis coupable...

Coupable !
Coupable !

Août 2011

Je me découpe

À me prendre pour un autre,
Je perds le fil des choses.
Marlon se métamorphose,
Quant à moi, j'oublie ma cause.

Ai-je un jour dit la vérité
À ces âmes que j'ai pu toucher ?
Ou alors elles ont remarqué,
Savent que je ne peux m'arrêter.

Je me découpe,
J'extrais le morceau
Que je trouve plus beau.
Je me dégoûte
Et enfile un bandeau
Pour ne pas voir ces maux.

Je me découpe !

On renie mes photos,
On ne veut plus lire mes mots.
Ce cauchemar est trop gros
Et cette peur veut ma peau.

Est-ce que je vais vraiment tout stopper
Quand elles ne voudront plus être bercées ?
Mon second drapeau va se hisser,
Ce fond noir, à elles de le toucher.

Je me découpe,
J'extrais le morceau
Que je trouve plus beau.
Je me dégoûte
Et enfile un bandeau
Pour ne pas voir ces maux.

Je me découpe !

Juin 2011

Je me demande

Je me demande si tu imagines mes mains sur ta peau.
Je me demande ce que tu peux bien porter sur le dos.
Je me demande des tonnes de choses et si parfois tu
[oses...

Je me demande si, en réalité, tu te moques.
Je me demande si tu penses que je ne suis qu'une
[loque.
Je me demande si tu es celle que tu dis, que tu dis...
Je te crois volontiers lorsque tu me réponds, même si...

... je me pose des tonnes de questions.
De te quitter, mais sans façon.
Sache que mon cœur est bien à toi.
Même si je t'aime, je doute parfois.

Je me demande pourquoi je te surnomme « Mon Âme
[Sœur ».
Je me demande pourquoi tu occupes tant de place
[dans mon cœur.
Je me demande pourquoi tu m'attires et m'obsèdes
[tant.
Je me demande si ça peut encore durer vraiment
[longtemps.

Je me pose des tonnes de questions.
De te quitter, mais sans façon.
Sache que mon cœur est bien à toi.
Même si je t'aime, je doute parfois.

Juin 2006

Les vers brisés

J'ai pas mal voyagé,
Même avalé les coups,
Oui, sans pitié
Et comme un loup.

Je les ai collectionnés,
Les grands paysages
Et puis les filles aussi de passage,
Comme pour respirer.

À un, à deux, même à cent contre un,
Je recommencerai, c'est certain.
À un, à deux, même à cent contre un,
Je crèverai en beauté un beau matin.

> Les vers brisés,
> Peu de passages obligés.
> Instants rêvés,
> Ce qui ne peut se donner.
> Les vers brisés,
> Des bouts qui peuvent se brûler.
> Les vers brisés,
> L'indépendance pour clef.

Cette rousse m'a embrassé
Pour ce que je faisais,
Oui, pour ce fou
Qu'elle rencontrait.

Tous ces gens disent aimer,
Même en redemander
Lorsqu'ils lisent mes maux de fou,
Tout ce que j'ai étalé.

À un, à deux, même à cent contre un,
Je recommencerai, c'est certain.
À un, à deux, même à cent contre un,
Je crèverai en beauté un beau matin.

Les vers brisés,
Peu de passages obligés.
Instants rêvés,
Ce qui ne peut se donner.
Les vers brisés,
Des bouts qui peuvent se brûler.
Les vers brisés,
L'indépendance pour clef.

Les lumières de la nuit,
C'est en dessous que je vis.
Toujours, encore
Et très peu de remords.

Un jour, à Biribi,
Ils materont nos vies.
Rambo nous sauvera cette nuit,
Puisqu'il l'a promis.

À un, à deux, même à cent contre un,
Je recommencerai, c'est certain.
À un, à deux, même à cent contre un,
Je crèverai en beauté un beau matin.

Les vers brisés,

Peu de passages obligés.
Instants rêvés,
Ce qui ne peut se donner.
Les vers brisés,
Des bouts qui peuvent se brûler.
Les vers brisés,
L'indépendance pour clef.

Mars 2011

Jacques, relève-toi

(Hommage à Brel et à d'autres)

Maintenant les vrais poètes ne sont plus,
Et puis les grands interprètes se font rares.
Jacques, relève-toi.

De nos jours, les rêveurs sont des intrus
Et ici tout artiste est mis à part.
Jacques, relève-toi.

Avec ces règles qui n'cessent d'nous dézinguer à vue,
Comment ne pas aimer quand vient enfin le soir ?
Venez, Léo et toi.

Des années que la saloperie a vaincu
Nos rêves, qu'elle reste encore et toujours en pleine
                                                [gloire.
Léo, regarde donc ça !

Quand je ne respirerai plus,
Ce sera un honneur de vous voir,
Georges, Léo et toi.

En attendant que ça me tue,
J'imagine que vous êtes dans ce bar.
Mais Jacques, relève-toi.

Relève-toi,
Relève-toi,

Relève-toi,
Relève-toi...

Janvier 2011

À cause de moi

Je me souviens à peine de son prénom
Et je sais qu'à vie on raiera mon nom
Parce que je ne suis pas resté,
Contrairement à elle, je voulais juste coucher.
Je me foutais presque de ce qu'elle disait,
Je n'avais pas compris qu'elle pouvait m'aimer.

    Elle s'est tuée à cause de moi
    Parce que je ne voulais pas
    La revoir une prochaine fois.
    Elle souhaitait rester dans mes bras
    Et je l'ai laissée sous ses draps ;
    Je ne voulais qu'une seule fois.

Elle souhaitait un « Oui »,
J'ai répondu « Non ».
Elle voulait à vie,
J'ai dit « Sans façon ».
Maintenant, tout le monde me déteste
Et tous nos proches me fuient comme la peste.

    Elle s'est tuée à cause de moi
    Parce que je ne voulais pas
    La revoir une prochaine fois.
    Elle souhaitait rester dans mes bras
    Et je l'ai laissée sous ses draps ;
    Je ne voulais qu'une seule fois.

Septembre 2007

Rien ne change

Rien ne change,
Les gens sont toujours les mêmes,
Et dans ce monde étrange,
Il y a de moins en moins de « Je t'aime ».
J'ai près de moi un ange,
Mais il me laisse noyé dans mes problèmes.
Et dans ce monde étrange,
On m'avoue de moins en moins que l'on m'aime.

Je vis au jour le jour,
Cherchant encore, toujours,
Oui, la réussite ainsi que l'amour ;
Mes rêves se réaliser tour à tour.
Mais rien ne change, rien n'y fait,
Nous ne sommes jamais que ce que l'on est.
Moi, la malchance incarnée,
Je subis l'acharnement de cette saleté !

Si notre monde est le meilleur,
Alors qu'on m'envoie un tueur !
Entre haine et peines de cœur,
Je vis dans le malheur !
Mais que viennent mes vieux démons,
Qu'ils m'enterrent et pour de bon !
Non, je ne veux plus entendre aucun son.
Être sous terre et y rester bien profond !

Mais rien ne change !
Les gens sont toujours les mêmes !

Et dans ce monde étrange,
Il y a de moins en moins de « Je t'aime » !
J'ai près de moi un ange,
Mais il me laisse noyé dans mes problèmes !
Et dans ce monde étrange,
On m'avoue de moins en moins que l'on m'aime !

Janvier 2007

Que pensera-t-on dans cent ans ?

Un quatorzième jour de juillet,
Un de plus. Celui d'une année que j'aime à peine.
J'ai du mal à me réveiller
Et le fait de me lever me donne de la peine.

Il est fini le défilé,
Un de plus que je n'ai pas regardé.
Je me suis surtout demandé
Qui était celle avec qui j'ai couché.

Je hais vraiment cette société,
Ses nouvelles règles sont encore plus absurdes.
Il faut se taire, se prosterner,
Est-ce moi ou ça transpire le ridicule ?

 Que pensera-t-on de nous dans cent ans ?
 Que nous étions cons ou bienveillants ?
 Que pensera-t-on de nous dans cent ans
 Si tout continue de cette façon ?

Le soleil est en train de briller,
Une magnifique manière d'oublier
En attendant d'voir les feux éclater
Dans une nuit divine qui me f'ra rêver.

Demain sera une autre journée
Où l'ennui reviendra,
Ce quotidien nous bouffera
Quoi que l'on puisse manier.

Je déteste vraiment cette société,
Les alertes sont à peine écoutées.
À chaque nouveau constat : un nouvel échec.
Soyez réalistes : on crèvera à sec.

Que pensera-t-on de nous dans cent ans ?
Que nous étions cons ou bienveillants ?
Que pensera-t-on de nous dans cent ans
Si tout continue de cette façon ?

Que pensera-t-on de nous dans cent ans ?
Que nous étions cons ou bienveillants ?
Que pensera-t-on de nous dans cent ans
Si tout continue de cette façon ?

Un quatorzième jour de juillet,
Il est fini le défilé.

Janvier 2010

Ensemble pour toujours

(Aude et Aurore II)

Leurs cheveux se mélangent
Au fil des mouvements,
On dirait qu'elles se mangent,
Ce ne sont que des baisers gourmands.

Leurs caresses sont aussi douces
Que les nombreux cris qu'elles poussent.

> Ça fait deux ans que presque tous les soirs
> Elles s'échangent toujours le même regard.
> Oui, ça fait maintenant deux hivers
> Et peu importe ce qui arrive sur Terre.
> Certains disent que l'amour dure trois ans,
> Mais elles reverront plus qu'un seul printemps.

Elles attendent patiemment le beau jour
Où elles auront leur nid d'amour.
Tant qu'elles se voient, c'est l'essentiel,
Et à chaque câlin, elles grimpent au Ciel.

Leurs caresses continuent d'être aussi douces,
Autant que tous ces nombreux cris qu'elles poussent.

> Ça fait deux ans que presque tous les soirs
> Elles s'échangent toujours le même regard.
> Oui, ça fait maintenant deux hivers
> Et peu importe ce qui arrive sur Terre.

Certains disent que l'amour dure trois ans,
Mais elles reverront plus qu'un seul printemps.

Avril 2008

« Vive la Liberté »

J'ai tout fait pour paraître bien,
Comme payer des impôts
Ou voter pour celui qui se prétend le moins salaud.
À leurs yeux, je suis un bon mouton ou un gentil chien.

Et les injustices qui augmentent autant que l'on peut
                                        [respirer,
Sans parler de toutes ces tonnes de béton défigurant les
                                        [prés.

    Et si je chante « Vive la Liberté »,
    Sûr, je n'aurai pas l'unanimité.
    Et si je hurle « C'est de vous qu'ils sont en train de
                                        [se moquer ! »,
    Il ne me restera qu'un jour ou deux avant d'y
                                        [passer.
    Avant d'y passer...

Cette époque trop commerciale
A réussi à faire radier le mot « Artisanal ».
Ils nous font passer certaines daubes pour de la qualité,
Nous devons tous être branchés
Quelques mois avant de passer à autre chose.
Et on ne sait même pas quelle en est la cause.

    Et si je chante « Vive la Liberté »,
    Sûr, je n'aurai pas l'unanimité.
    Et si je hurle « C'est de vous qu'ils sont en train de
                                        [se moquer ! »,

Il ne me restera qu'un jour ou deux avant d'y
                                      [passer.

  Avant d'y passer…

Un nombre incalculable d'enfants déjà drogués,
Même à l'école, ils ne pensent qu'à tout écraser.
Toutes ces femmes battues ou violées,
Ces gens qui, pour un rien, se font tuer.
Dans des endroits, des balles perdues,
Sans parler des traces de ceux qui ont chu.

  Et si je chante « Vive la Liberté »,
  Sûr, je n'aurai pas l'unanimité.
  Et si je hurle « C'est de vous qu'ils sont en train de
                                      [se moquer ! »,
  Il ne me restera qu'un jour ou deux avant d'y
                                      [passer.

  Avant d'y passer…

  Et si je chante « Vive la Liberté »,
  Sûr, je n'aurai pas l'unanimité.
  Et si je hurle « C'est de vous qu'ils sont en train de
                                      [se moquer ! »,
  Il ne me restera qu'un jour ou deux avant d'y
                                      [passer.

  Avant d'y passer…

Et on s'étonne que j'écrive sur le désespoir,
Mais pour arranger les choses, il est bien trop tard.
Pour arranger les choses, il est bien trop tard…
Et je connais cette fille qui fait le trottoir.

                                      Août 2008

L'enfer, c'est...

J'attends une femme
Qui ne viendra pas,
J'attends cette femme
Que je ne reverrai pas.
Je sens de nouveau les flammes
Danser en moi,
La douleur et le drame
Fusionner en moi.

    Je hais le jour,
    D'être sous sa lumière
    Car le monde voit
    De quoi j'ai l'air !
    J'ai peur du jour,
    D'être sous sa lumière
    Car j'y vois mon reflet
    Et de quoi j'ai l'air.

J'attends une femme
Qui ne viendra plus,
J'attends cette femme
Que je ne reverrai plus.
Et dans ce couloir,
Ma détresse s'acharne.
À quoi bon vouloir ?
Je l'ai tellement connue...

    Je hais le jour,
    D'être sous sa lumière

Car le monde voit
De quoi j'ai l'air !
J'ai peur du jour,
D'être sous sa lumière
Car j'y vois mon reflet
Et de quoi j'ai l'air.

Avril 2009

Tant de rêves

Tant de rêves,
De brouillards.
Tant de rêves,
Tant d'espoirs ;
Tant en soi
Et ces lois...

Des avenirs qui se croisent,
Des destins allant dans la même direction,
Sauf pour ceux
Qui connaissent la chanson.

Il est tellement loin
Le temps où nous ne savions pas.
Il approche à grands pas
Cet instant béni qu'est la Fin.

Même Mère Nature
Ne peut plus nous supporter. Ne peut plus nous
                                    [supporter...
Et d'autres torturent
Tandis que d'autres ne savent pas pourquoi ils sont
                                        [agressés.
Et puis le soir on espère
Que ce monde ne soit qu'un cauchemar.
Puis vient enfin le moment des rêves
Quand nos yeux perdus se ferment.

C'est à croire que nous n'sommes tous

Que des fantômes en sursis.
À croire qu'il faut que ça nous touche
Quand est cité le Paradis.

Tant de rêves,
De brouillards.
Tant de rêves,
Tant d'espoirs ;
Tant en soi
Et ces lois...

Il est tellement loin
Le temps où nous ne savions pas.
Il approche à grands pas
Cet instant béni qu'est la Fin.

Il est tellement loin
Le temps où nous ne savions pas.
Il approche à grands pas
Cet instant béni qu'est la Fin.

Tellement loin...

Mars 2009

John K.

Une balle, une balle,
Revoir cette blonde à qui j'ai fait du mal.
Sûr, ce ne sera pas le même endroit,
Mais ce sera tout de même l'Au-delà.

J'entends siffler,
J'avoue que le Général ne peut plus parler.
À ça, on me dit complètement abruti.
J'ignore si demain je serai encore ici.

> Grand bien me fasse,
> Grand mal se passe
> Dans mon corps las
> De vos grimaces.

> Je crois voir mes lacunes
> Et que le ciel se casse.
> Tous les autres veulent la lune,
> Moi, j'ai le cœur en Mars.

> Moi, je suis John K.,
> Acteur et critique du monde,
> Parfois spectateur
> En train de prendre la seconde.

Ça ne cicatrisera
Pas dans les temps. Je revois cette Lolita
Nue dans l'étang. Oh ! je n'en revenais pas,
Si belle qu'elle en était au-dessus des lois.

Par pure désinvolture,
J'ai renié des obligations, des tournures.
Je ne peux aller plus loin, quelle imposture.
Mon souffle me manque depuis le choc, la blessure...

Mais...

    ... grand bien me fasse,
    Grand mal se passe
    Dans mon corps las
    De vos grimaces.

    Je crois voir mes lacunes
    Et que le ciel se casse.
    Tous les autres veulent la lune,
    Moi, j'ai le cœur en Mars.

    Moi, je suis John K.,
    Acteur et critique du monde,
    Parfois spectateur
    En train de prendre la seconde.

Parfois spectateur...

Juillet 2011

Dernière volonté

S'il faut que l'on m'enterre,
Je désire qu'elle soit à mes côtés.
S'il faut que l'on m'enterre,
Qu'elle soit sur moi, à m'en essouffler.

À mes yeux, c'est la plus belle,
Je ne sais combien je l'aime.
Oui, je souhaite faire mon dernier rêve à côté d'elle,
Et ce, avant d'affronter mon ultime problème.

Désolé pour toi, ma mère,
Si tu n'es pas ma dernière volonté.
Désolé pour toi, mon père,
S'il y a une femme que je n'cesse d'aimer.
Elle est ma dernière volonté...
Elle est ma dernière volonté !

Oui, mon ultime nuit
Sera entre ses bras.
Sans elle, le Paradis
Serait l'Enfer, voilà.
C'est ma prière du condamné...
Ma dernière volonté !

Désolé pour toi, ma mère,
Si tu n'es pas ma dernière volonté.
Désolé pour toi, mon père,
S'il y a une femme que je n'cesse d'aimer.
Elle est ma dernière volonté...

Elle est ma dernière volonté !

Août 2006

Ton ombre

Le ciel est pâle,
Serait-il mort ?
L'envie n'est plus là,
Mais il faut encore
Dormir sans limites.
Maudire lorsque tu me quittes.

Et puis ton absence se fait plus longue
Lorsque je ne vois plus ton ombre,
Et ta voix me manque quand ta chanson
Ne me vient plus, oh comme une bombe.

Haute est la montagne
Où je te pleurerai,
Haute est la montagne
Où je m'empalerai.
Haïr ! Oui, sans fin,
Et trahir le destin.

Et puis ton absence se fait plus longue
Lorsque je ne vois plus ton ombre,
Et ta voix me manque quand ta chanson
Ne me vient plus, oh comme une bombe.

Haute est la montagne
Où je te pleurerai !
Haute est la montagne
Où je m'empalerai.

Et puis ton absence se fait plus longue
Lorsque je ne vois plus ton ombre,
Et ta voix me manque quand ta chanson
Ne me vient plus, oh comme une bombe.

Juin 2009

Pour l'éternité

Deux anges se maudissent
Pour avoir aimé,
Voulu aider les hommes,
Ils en sont écœurés
Pour l'éternité.
Pour l'éternité.

Ils n'avaient jamais vu
La triste réalité.
Depuis le début,
Oui, ils y croyaient
Pour l'éternité.
Pour l'éternité...

    Certains pleurent en apprenant l'Histoire,
    Se demandent pourquoi ils sont nés,
    Ne croient plus en grand-chose ni en eux.
    D'autres sanglotent en se cachant le soir
    Avant de reprendre une journée
    Et croire, croire en un destin chanceux
    Pour l'éternité...
    Pour l'éternité !

Trop ont brûlé de nuits
Pour le plaisir de se changer
Les idées juste quelques heures,
Ils veulent vraiment tout modifier
Pour l'éternité.
Pour l'éternité...

Certains pleurent en apprenant l'Histoire,
Se demandent pourquoi ils sont nés,
Ne croient plus en grand-chose ni en eux.
D'autres sanglotent en se cachant le soir
Avant de reprendre une journée
Et croire, croire en un destin chanceux
Pour l'éternité...
Pour l'éternité !

Juin 2009

In the air

Enterré sous mes draps,
J'imagine que tu montes sur moi
Et que, sans contrefaçon,
Tu me prouves que tu n'es pas, pas un garçon.

Ils t'ont pour égérie,
Mais sont un peu trop imparfaits,
Ne frisent pas trop le génie.
Ce ne sont que des rêves, mes rêves, tu le sais...

J'aimerais tant que tu sois là,
Que tu préviennes quand tu as froid,
Que tu désires que la prochaine nuit soit longue,
Que tu sois excitée quand le tonnerre gronde.

    Et monte, monte sur moi
    Tandis que je descends la côte à deux cents à
                               [l'heure.
    Oui, monte, monte sur moi,
    Il n'y a bien que toi qui connaisses la note par
                               [cœur.

Perdu, là, sous la douche,
J'imagine que tu es contre moi,
Qu'nos mains sans retenue touchent
Nos corps dénudés après avoir pris froid.

Ça sort de mon esprit,
Et si on lui faisait prendre vie ?

Mets-moi donc la tête sous l'eau
Avant de me ressusciter en sanglots.

J'aimerais tant que tu sois pour,
À n'en plus, plus avoir de souffle !
À n'en plus entendre les soldats qui courent,
Eux aussi à n'en plus avoir de souffle.

Et monte, monte sur moi
Tandis que je descends la côte à deux cents à
[l'heure.
Oui, monte, monte sur moi,
Il n'y a bien que toi qui connaisses la note par
[cœur.

Juillet 2010

Retour de flamme

J'ai rêvé d'une femme,
D'yeux qu'elle était belle.
Son air reflétait le drame,
Réclamant l'étreinte charnelle.
Sous ses longs cheveux noirs
Se cachait un visage
Qui avait l'air d'être sage,
Mais il n'en était rien.
Et elle ne voyait que moi.
Et elle ne voulait que moi...

Elle retirait ses vêtements,
Me donnant envie, doucement.
Après m'avoir fait courir dans ce tunnel,
Elle riait et jurait devant l'Éternel,
Affirmant qu'elle aussi n'y croyait pas,
Qu'elle aimerait voir ce qui se trouve en bas.
Mais avant toute chose,
Elle souhaitait qu'on fasse deux ou trois pauses.
Et elle ne voyait que moi.
Et elle ne voulait que moi...

J'ai rêvé d'une femme,
D'yeux qu'elle était belle.
Son air reflétait le drame,
Réclamant l'étreinte charnelle.
Et quand je me suis réveillé,
Personne n'était à mes côtés.
Oh ! j'aimerais tant la revoir

En vrai, mais c'est un faux espoir.
Elle ne voyait que moi.
Elle ne voulait que moi...

Elle ne voyait que moi.
Elle ne voulait que moi...

Je souhaite retrouver cette femme
Qui m'a tant donné envie.
Retour de flamme,
Ce n'était qu'une nuit.
Rien n'était vrai !
Je suis devenu fou d'une vision
Et je ne cesse de me rappeler
À quel point elle était belle ainsi que ses intentions.
Elle ne voyait que moi !
Elle ne voulait que moi !

Elle ne voyait que moi !
Elle ne voulait que moi !

Octobre 2008

Post-mortem

Est-ce qu'au sommet de l'arbre
Je toucherai le Ciel ?
Sera-t-elle de marbre
Ou alors criera-t-elle ?

    Veut-elle que je vienne ?
    Que faut-il que je prenne ?
    Au-dessus d'un avion,
    Au-dessus d'un aigle,
    Veut-elle que je vienne ?
    Que faut-il que je prenne ?

Pourquoi ne m'as-tu pas attendu ?
Sans toi, je suis perdu.
Pourquoi ne m'as-tu pas attendu ?
Dis, pourquoi tu n'es plus ?
Dis, je peux venir ?
Te revoir sourire...

    Veux-tu que je vienne ?
    Que faut-il que je prenne ?
    Au-dessus d'un avion,
    Au-dessus d'un aigle,
    Veux-tu que je vienne ?
    Que faut-il que je prenne ?

Quand mon sang coulera,
Est-ce que tu apparaîtras ?
Si je monte malgré toi,

Est-ce que tu me parleras ?
Ou alors seras-tu en larmes
En me voyant avec cette lame ?

Veux-tu que je vienne ?
Que faut-il que je prenne ?
Au-dessus d'un avion,
Au-dessus d'un aigle,
Veux-tu que je vienne ?
Que faut-il que je prenne ?

Veux-tu que je vienne ?
Que faut-il que je prenne ?
Au-dessus d'un avion,
Au-dessus d'un aigle,
Veux-tu que je vienne ?
Que faut-il que je prenne ?

Veux-tu que je vienne ?

Avril 2009

Hot nights in winter III

C'est la dernière nuit de l'hiver
Et la neige tombe encore.
C'est sous tes draps qu'je suis couvert
En attendant ton corps.
Qu'il s'allonge sur le mien, ouvert,
Même quand frapp'ra l'aurore.

    Même au prochain Noël,
    On détachera nos ailes,
    Même quand viendra l'étincelle.
    Ô désir éternel,
    Pourquoi être infidèle ?
    Nous deux sommes tout pour elles.

Sur, sur ta peau suspecte
Ma, ma bouche est en quête.
Tes soupirs me motivent,
Ne pratique pas l'esquive.
Oui, allume-moi donc comme les hérétiques jadis,
Quand les rois se prenaient pour le Père et le Fils.

Mes initiales sur ta poitrine que j'embrasse,
Tu peux même me demander de boire la tasse.

    Même au prochain Noël,
    On détachera nos ailes,
    Même quand viendra l'étincelle.
    Ô désir éternel,
    Pourquoi être infidèle ?

Nous deux sommes tout pour elles.

Septembre 2011

Faire pâlir la sorcière

L'araignée sans tête
Était si velue
Qu'on ne voyait pas ses pattes.
Une haute dose d'amphète,
Tu sais qu'j'y ai cru,
Comme un rêve de psychopathe.

Faire l'amour toute la nuit
Dans une église abandonnée,
Dans la forêt de Blair.
Qu'on nous traite comme le marquis !
Nous, au moins, on a essayé
De faire pâlir la sorcière.

Faire pâlir la sorcière,
Faire pâlir la sorcière,
Et que même les extrêmes
Nous considèrent comme leurs maîtres.
Ne pas se dire que l'on s'aime
Au beau milieu des traîtres.
Faire pâlir la sorcière,
Même rougir la sorcière !

Le moine du village, nous croyant fous
D'être attirés par l'Ombre,
Veut nous mettre dans le trou
Pour nous faire crever dans les décombres.
C'est aussi glauque pour nous
Que d'le faire sur une bombe.

Il y a dans nos esprits
Des désirs morbides, raffinés,
Comme on n'en fait plus sur Terre.
Parfois on aime le *hard*, oui !
Nous, au moins, on a essayé
De faire pâlir la sorcière.

Faire pâlir la sorcière,
Faire pâlir la sorcière,
Et que même les extrêmes
Nous considèrent comme leurs maîtres.
Ne pas se dire que l'on s'aime
Au beau milieu des traîtres.
Faire pâlir la sorcière,
Même rougir la sorcière !

Avril 2010

Mon immortalité

Excuse-moi,
Pardonne-moi,
Je ne recommencerai pas.
J'ai toujours foi en toi,
Mais je ne regrette pas.

    Seigneur, je sais que j'ai péché,
    Je suis un ange qui a couché
    Avec un suppôt de ton ennemi juré.
    Dieu, je l'avoue : je l'ai aimée
    Deux fois plus que je t'ai prié.

Toi, tu as créé l'amour
Et tu veux me bannir pour toujours
Alors que j'ai pourtant dégusté
Un fruit de ta créativité.
Ta créativité...

Ne m'inflige pas la mortalité,
Je t'ai tant servi, j'ai mérité
Le privilège d'aimer ;
De conserver mon immortalité.
C'était un beau péché...

    Seigneur, je sais que j'ai péché,
    Je suis un ange qui a couché
    Avec un suppôt de ton ennemi juré.
    Dieu, je l'avoue : je l'ai aimée
    Deux fois plus que je t'ai prié.

Seigneur, non ! Je l'aime !
Elle a su me donner plus que son meilleur !
Seigneur, non ! Je l'aime !
J'ai le droit d'avoir quelqu'un d'autre dans mon cœur !

Ne m'inflige pas la mortalité,
Je t'ai tant servi, j'ai mérité
Le privilège d'aimer ;
De conserver mon immortalité.
C'était un beau péché...

    Seigneur, je sais que j'ai péché,
    Je suis un ange qui a couché
    Avec un suppôt de ton ennemi juré.
    Dieu, je l'avoue : je l'ai aimée
    Deux fois plus que je t'ai prié.

Décembre 2005

Les peines du monde

Tel un ange qui a perdu ses ailes,
Mon cœur est maintenant enterré.
Je perds de plus en plus le goût à la vie,
J'aime de plus en plus les démons et leurs cris.

Pourquoi continuer avec de faux sourires,
Me forcer même à rire ?

    Que toutes les peines du monde s'emparent de
                                              [moi,
    Que toute la haine du monde suive mes pas.
    Promener le désespoir à mon bras,
    Je sais que la souffrance reviendra.

À force de croire l'impossible,
De vivre dans mes illusions,
Je deviens hypocrite dans l'âme
Et renie ce que j'ai au fond.

Mais je ne peux m'empêcher de craquer
Et de craindre ce que la suite va donner.

    Que toutes les peines du monde s'emparent de
                                              [moi,
    Que toute la haine du monde suive mes pas.
    Promener le désespoir à mon bras,
    Je sais que la souffrance reviendra.

Il y a tous ces moments qui pèsent sur mon ombre,

Qui sont des dizaines, des centaines en nombre.
Ils me font de nouveau mettre un genou à terre,
Moi qui veux rester debout sans me taire.

Que toutes les peines du monde s'emparent de
[moi,
Que toute la haine du monde suive mes pas.
Promener le désespoir à mon bras,
Je sais que la souffrance reviendra.

Mars 2008

The forest girl

Ma petite fille est revenue de la forêt,
Ça faisait trois jours qu'elle était égarée.
Et elle n'est plus la même ! Et elle n'est plus la même !

Son doux regard a totalement changé,
On a même l'impression qu'elle va nous manger.
Mais que lui est-il arrivé ?!
Mais que lui est-il arrivé ?!

    On a passé trois jours à s'inquiéter,
    Et maintenant qu'elle est là, on est pétrifiés.
    Ma petite fille est revenue de la forêt,
    Mais, en trois jours, qu'est-ce qui l'a fait changer ?!
    Ma petite fille est revenue de la forêt
    Et, depuis, on se sent tous en danger !

Les disparitions se font de plus en plus
Depuis qu'est revenue ma petite puce.
Mais qui se cache derrière ces arbres ?!
Mais qui se cache derrière ces arbres ?!

Pourtant le méchant loup n'est plus là depuis des
                             [années,
Et je crois qu'elle sait ce que c'est.
Mais pourquoi a-t-elle changé ?! Mais en quoi s'est-elle
                             [changée ?!

    On a passé trois jours à s'inquiéter,
    Et maintenant qu'elle est là, on est pétrifiés.

Ma petite fille est revenue de la forêt,
Mais, en trois jours, qu'est-ce qui l'a fait changer ?!
Ma petite fille est revenue de la forêt
Et, depuis, on se sent tous en danger !

Pourquoi est-elle allée dans un endroit aussi grand ?
C'était mieux et moins morbide avant.
Maintenant tout le monde a peur !
Maintenant tout le monde a peur !

Ils commencent même à bagages plier,
Ils font vraiment tout pour l'éviter.
Et elle ne cesse de m'observer !
Et elle ne cesse de m'observer !

On a passé trois jours à s'inquiéter,
Et maintenant qu'elle est là, on est pétrifiés.
Ma petite fille est revenue de la forêt,
Mais, en trois jours, qu'est-ce qui l'a fait changer ?!
Ma petite fille est revenue de la forêt
Et, depuis, on se sent tous en danger !

Mars 2008

Peut-être...

Des gouttes claquent sur les fenêtres,
Le vent souffle vers moi.
Le ciel est gris, sale et triste,
Je m'ennuie, peut-être.

Il y a des choses à faire,
De nombreuses choses que je ne veux pas faire.
Il y a des gens à voir,
Des gens que je déteste, qui m'indiffèrent.
Ceux que j'aime ne sont pas là,
Même au soleil, qu'est-ce que j'ai froid...
Je sombre et déprime, peut-être.
Envie de me cogner, peut-être.

Envie de tout cogner, peut-être.

Sûr'ment que demain tout s'arrangera,
La semaine prochaine, dans un ou quelques mois,
À l'instar de la dernière fois.
Mais est-ce que le sang coulera ?
Je m'ennuie, peut-être.
Je déprime, peut-être.
Envie de me cogner, peut-être.
Envie de tout cogner, peut-être.

Je connais bien ces regards,
Ces expressions
Et ces lueurs
Qui font s'élever le soir

Après une étrange impression
Qu'on peut mélanger à la peur.
Et puis même les fleurs, oui, même les fleurs
Ne me séduisent plus par leurs couleurs.
Parfois je voudrais ne plus être amoureux
Pour ne plus avoir mal,
Ne plus être amoureux
Pour ne plus être aussi jaloux que le Diable.
Il y a des jours où je te déteste,
Il y a des jours où je veux qu'tu restes.
Oh oui, la vie est parfois triste
À en vouloir quitter la piste.
Je m'ennuie, peut-être.
Je déprime, peut-être.
Envie de me cogner, peut-être.
Envie de tout cogner, peut-être.

Il y a des jours où je te déteste,
Il y a des jours où je veux qu'tu restes.
Oh oui, la vie est parfois triste
À en vouloir quitter la piste.

Février 2009

Dernière rencontre

Ne plus entendre ta voix,
Ne plus te voir rire,
Non, je ne le veux pas.
Pour moi, c'est le pire.
Et c'est ce qui arrive là,
Tu dis que tu vas partir.
Les larmes coulent sur moi,
Qu'est-ce que je peux souffrir...
C'est la dernière fois
Et je te vois me fuir...
Ces moments intenses avec toi
Ne sont plus que des souvenirs...

Je sais que ton âme sera avec moi,
Je tente d'esquisser un sourire,
Sauf que je pleure une nouvelle fois.
Mais bon Dieu, pourquoi veux-tu en finir ?
Tu me réponds que c'est comme ça,
La Vie aime parfois nous pourrir.
Tu t'approches et me serres dans tes bras,
Si tu savais ce que là je peux subir...
Un dernier baiser et tu t'en vas.
Je vais avoir du mal à en guérir...

Où tu pars, je ne le sais pas,
Et c'est dans un autre monde que je m'en vais vivre...

Avril 2007

Table des matières